간호사 김영미

(증보판)

대학병원 간호사가 들려주는 간호 에세이

에듀팩토리 EDU FACTORY

간호사 김영미 (증보판)

대학병원 간호사가 들려주는 간호 에세이

인 쇄 | 2019년 7월 5일
발 행 | 2019년 7월 10일

저 자 | 김 영 미
발 행 인 | 유 혜 정
발 행 처 | 에듀팩토리 EDU FACTORY

주 소 | 서울시 송파구 송파대로 201 테라타워2 A동 1424호 우 | 05854
전 화 | 02 – 3442 – 0275 ~ 6 Fax | 02 – 3442 – 0270
출판등록 | 2011년 8월 29일 제 2017 – 000063 호
E – mail | webmaster@edufact.co.kr
http://www.edufact.co.kr

ISBN : 979 – 11 – 5823 – 339 – 6 정 가 16,000 원

추천사

김영미 작가는 항시 서글서글하고 선이 굵고 인상이 좋은 분이다. 그래서 '김영미'라는 이름을 잘 모르는 사람도 한번 보면 아주 가깝게 느껴진다. 강원도, 그가 태어나고 자란 정선, 동해, 강릉, 고향을 몹시도 사랑하고 자랑스러워한다. 또한 자신이 소속한 기관과 조직을 무척 아끼고 사랑하며, 문제의식을 감추지 않는 용감한 분이다.

내가 처음 이분을 만난 것은 외과를 전공할 때였는데, 복도나 병원 전체 행사에서 이따금 스칠 때마다 시원한 인상에 인사를 잘하는 간호사분이었다. 실제로 김 작가와 가까워진 것은, 2010년 암병원을 지으며 업무적으로 큰 작업을 같이 시작하면서였다(서울대학교암병원 개원준비단장, 개원준비단 지원팀장). 암병원 설립을 준비하고, 완공하고, 초기 운영의 자리를 잡고, 실로 어렵고 고된 업무들이었지만, 매사 즐겁고 신나게 일을 해 왔던 것 같다. 의기투합의 덕이지만 함께 서울대병원의 새로운 역사를 이루고자 한 소명의식도 큰 역할을 한 것이다.

암병원을 지으면서 나와 함께 풀 한 포기도 소중히 여기며 정원을 가꿨고, 심어 놓은 식물, 꽃 이름을 일일이 부르며 병원을 둘러보았다. 김 작가는 사진을 찍어 그 중에서도 예쁜 사진들을 모아 사진집을 만들기도 했다. 나와 마찬가지로 암병원 직원들을 일일이 챙기고 가족처럼 여겼다. 직원들이 불이익을 당하거나, 암병원이 폄훼되면, 누구보다 분개하여 진실을 알리고 설득하느라 동분서주했다. 모든 사물에 대한 남다른 관찰력, 관심, 애정이 그를 작가로 만든 것 같다.

그의 글을 읽으면, 우리의 일상이지만, 평소 느끼지 못한 부분들을 일일이 스토리로 형상화하고, 그 이면의 문제점, 가치, 의의를 드러내 준다. 그러한 감성, 문학적 소양은 타고난 것 같다. 그의 많은 글은 그가 태어난 강원도의 아주 어린 시절부터, 학교를 다니고, 서울로 떠나던 순간 등을 아주 자세히 기억하고 또 묘사하고 있다. 또한 오랜 세월 환자 · 직원과 함께했던 희로애락, 아름다움, 아픔, 잔잔한 감동, 때로는 가슴을 뒤흔드는 감격을 여러 색감으로 그림 그리듯이 우리에게 전달하고 있다.

아무쪼록 이번 문집이 그 모든 것을 아우르고, 작가 김영미를 더욱 잘 이해하는 기회가 되기를 바란다. 그가 독자들에게 표현하고자 하는 것들이 모두 화폭에 어우러져 커다란 벽화를 보는 감동을 가지기를 기대한다.

2018년 2월

서울대학교병원/의과대학 (외과) 교수

초대(1대, 2대) 암병원장 노동영

추천사

"글 보내 드려요. 잠시 쉬실 때 가벼운 글 하나 보시라고요~~"

과장님은 틈틈이 창작활동을 하면서 쓰셨던 글들을 저에게 이메일로 보내 주시곤 했습니다. 보통 2~3달에 한 번꼴이었던 것 같고, 병원의 일상, 고향 강릉의 이야기, 그리고 여행 등 다양한 주제였던 것으로 기억합니다. 본인은 가벼운 글이라고 하셨지만, 항상 그 글을 읽고 난 뒤에는 잔잔하지만 진한 감동의 여운을 느낄 수 있었습니다.

간호과장님과는 지난 2010년 암병원 건립을 준비하고 개원하면서 알게 되었습니다. 항상 활기차고 밝은 모습과 리더십으로 간호과 직원들을 이끌어 주셨습니다. 저에게는 누님뻘이긴 하지만 병원 곳곳의 꽃과 나무가 피고 지는 세월의 흐름에 의미를 부여하는 소녀 같은 모습도 보이시곤 했습니다.

이제 그동안 틈틈이 써 왔던 글들을 모아 본인의 이름으로 책을 내신다고 하니, 서툴지만 기쁜 마음으로 이렇게 축하의 글을 쓰고 있습니다. 과장님이 저에게 보내 주셨던 담담한 얘기들을 많은 분들이 접하시면, 제가 느꼈던 잔잔한 감정의 기쁨을 느끼실 것입니다. 암병원이라는 두렵고 어두운 느낌의 장소를 밝은 기운으로 바꿔 주신 것처럼, 과장님이 가슴으로 쓰신 글들이 여러분 마음의 병을 치유할 수 있기를 기대합니다.

2018년 3월

서울대학교병원/의과대학 (내과)교수

3대 암병원장 김태유

추천사

내가 아는 그녀 김 · 영 · 미

'2010년 서울대학교암병원 개원준비단 발족'

나는 우리 부서 대표로 차출되어 그 준비단에 합류했고 입사 이래 처음으로 우리 부서 아닌 우물 밖 사람들을 만나게 되었다. 암병원 진료지원팀이라는 소속으로 각 부서 대표들과 만나던 첫날, 그 대표들을 인솔하는 강렬한 눈빛의 그녀를 만나게 되었다. 그녀는 회의를 주재하는 운영진에게 따끔하게 한 소리를 하고, 모두가 '예'라고 동조하는 의견에 '아니오' 라고 외치며 반박하는 의견을 제기했다. 게다가 면전에 있는 사람에게 칭찬보다 지적을, 단소리보다 쓴소리를 던지곤 했기에 바깥세상을 처음 나온 내가 그녀를 대하기엔 너무 어렵고 부담스러웠다. 내가 속한 팀의 수장인 그녀에게 예우를 다하였지만 한편으로는 나의 부족함을 책잡히지는 않을까 저어되어 숱한 부하 직원을 진두지휘하는 그녀의 모습을 한 걸음 뒤에서 바라보기만 했다.

태산 같은 위엄으로 모두를 아우르는 마녀
날 선 비판과 송곳 같은 지적으로 잘못을 바로잡는 교관
싫고 좋음이 분명한 나폴레옹
그녀는 바로 김영미 서울대병원 암간호과의 리더였다.

함께 모여 회의하고, 안전모를 쓰고 공사장을 둘러보며 병원을 세

워갔다. 건물이 다 지어져도 매주 모여 회의하고, 개선책을 강구하고 병원 살림을 다져가며 그녀와 만나는 시간이 늘어갔다. 그렇게 우리는 시공을 함께하며 서로를 알아갔다. 그런데 무섭기만 했던 그녀를 가만히 들여다보니 그녀도 무서워하는 게 있어 보였다. 그녀는 불의를 보면 호되게 지적을 하고는 뒤돌아서 우리에게 '내가 말 잘한 거니? 나 아니면 누가 하겠니' 라며 묻는다. 사람들을 이끌고 그 책임을 져야 하는 직책이기에 솔선해서 쓴 말을 내뱉지만 본인도 내키지 않았던 말을 하고는 혼자 되짚어보는 것이었다. 본인의 행동을 스스로 심판대에 올려놓는 일을 가장 두려워하는 그녀였다.

간과하기 쉬운 지난 회의록을 꼼꼼히 챙겨보며 혹시 팀원에게 불리한 사안이 기록되지는 않았는지 확인하고 여차하면 또 기록자에게 달려가서 따진다. '아' 다르고 '어' 다른 우리말은 자칫 조사 하나만 바뀌어도 의미가 달라지기 쉬운데 그 문구를 찾아내어 회의록을 수정해 달라고 쓴 소리를 한마디 내뱉고 온다. 본인이 아닌 조직을 위해서 말이다. 과연 누가 이렇게 남을 위해 보이지 않는 곳에서 열변을 토할까.

암병원에 많은 환자를 유치해야 한다는 정책이 회자되면 그녀는 말이 아닌 행동으로 움직인다. 지인을 소개해 병원으로 안내하고 one-stop service의 슬로건이 실천되도록 각 부서에 도움을 요청한다. 그동안 그녀는 본인을 위한 게 아닌 타인과 조직을 위해 사방으로 도움을 요청하고 싫은 소리를 하고 다녔던 것이다. 돌아오는 화살은 고스란히 본인 가슴에 묻어둔 채 말이다.

그런 모습들 때문에 시간이 지날수록 그녀의 독기가 더 이상 독하게 느껴지지 않았다. 점점 그녀의 진정한 마음을 알게 되어 내가 느끼는 그녀에 대한 단상은 처음과 전혀 다른 방향으로 흘러가고 있었다. 오히려 그녀의 아우라가 슬그머니 나에게 옮겨지는 듯하더니 결국엔 내가 그녀를 지켜주고 싶은 생각이 들 지경이었다.

자세히 보아야 예쁘다.
오래 보아야 사랑스럽다.
너도 그렇다.

– 나태주, 풀꽃

어디 이쁜일까. 회식에서 분위기를 띄워 주려 항상 먼저 화두를 던지고, 노래방에서는 먼저 마이크를 잡아 분위기를 후끈 달군다. 그렇게 멍석을 깔아 주고는 그 위에서 즐거워하는 사람들을 바라보며 흐뭇해한다. 그러다 그들의 늦은 귀가가 염려되어 종을 치며 일부러 분위기를 깨고 모두를 집으로 보내 준다. 몸이 아플 때도 내색하지 않고 더 씩씩하게 노래를 부르며 망가져 주는 그녀를 어찌하면 좋을까.

이른 아침 서먹한 회의실에서 항상 분위기를 탁 깨며 웃음을 주는 말을 던지기에 어떤 날은 그녀가 어서 적막한 회의실에 당도하길 기다린 적도 있었다. 기다리다 보면 어김없이 큰 걸음으로 들어와 자리에 앉자마자 "다들 구석 자리 맡으려고 일찍 왔구나?" 하며 회의장에 온기를 불어 준다. 회의를 주재하는 원장님과 그녀의 치고받는 만담 덕에 회의 내내 유쾌하다.

병원 개원기념 회식자리에서 초대 원장님을 모시고 그녀가 건배 제의를 받았을 때, 개원 당시 병원의 안전건립을 위해 막걸리 한 병을 사서 남몰래 고수레를 했었노라 얘기하며 분위기를 한껏 고조시킨 그녀의 모습은 참 자랑스러웠다. 개원을 기념하는 그 자리에서 그보다 적절한 건배 제의가 있었을까. 뜬금없는 막걸리 소재에 좌중이 박장대소를 했고 동시에 너무나 감사해했다. 함께 일하는 동료로서 이토록 빛나는 애사심을 본 적이 없기에 우리 모두를 대신해 준 그녀에게 진심으로 감사했다. 암병원 발전을 기원하는 그 막걸리 값은 반드시 공금에 이자까지 붙여서 지급되어야 하겠다.

그녀는 업무로 인한 회식이나 나들이를 할 때면 매력적인 드레스 코드로 우리를 즐겁게 한다. 먹는 건 나를 위해서 먹고 입는 건 남을 위해서 입으라 했던가. 푸른색 치파오를 입은 그녀의 모습은 매력을 넘어 그만의 경쟁력이 되었다.

꽃과 자연을 사랑하고 사람과 고향을 아끼는 그녀. 꽃 이름을 다 알고 사람처럼 불러 주며 철마다 사진으로 담아 주었다. 귀한 고향 특산품을 공수해 주변 사람들에게 선물하며 온정을 나누었고, 경조사에는 항상 내 일처럼 달려가 살을 비벼 주었다. 관심사가 다양해 그녀의 책상 주변에는 늘 볼거리가 많아 곁에 있으면 참 재미있는 친구 같았다. 그 다양한 관심사를 심금을 울리는 필력으로 표현하는 재능 기부자였다. 어린 시절을 회고하는 글로 수필가에 등단하여 그 이후 그녀의 주변은 온통 문인의 작품 소재가 되었다.

또한 매 순간을 사진으로 담아 두는 그녀가 있기에 그저 흘러가 버릴 뻔한 우리의 삶이 기억될 수 있었다. 같이 맛보았던 음식, 함께했던 거리, 금세 피고 지는 꽃들까지 그녀가 공들여 촬영한 사진은 단순한 사진 한 장이 아니라 우리가 무심코 지나쳐 기억하지 못하는 우리의 삶을 붙잡아 주었다. 시간이 많이 흐른 뒤에 그 사진들을 다시 꺼내 볼 때마다 그녀에게 감사할 것 같고 사진을 찍어 주느라 정작 본인 사진은 없을 그녀에게 미안할 것 같다.

암병원의 꽃. 진정한 꽃.

세월이 흘러 어느덧 7년이라는 시간을 그녀와 함께하다 보니 나도 어느새 암병원의 유구한 역사를 지켜본 장수 거북이가 되었다. 그동안 정들었던 개국공신들이 자리를 떠나고 추억을 함께했던 골수 동지들이 몇 명 남아 있지 않은 지금은 2017년 4월. 움츠러든 어깨가 펴지는 봄이 왔다. 하지만 항상 그 자리에 있어 줄 것 같던 그녀가 직책을 내려놓고 이곳을 떠나 다른 곳으로 가게 된다고 하니 이 봄이 오롯이 따뜻하게 느껴지지만은 않는다. 병원과 사람들을 위해 땀을 흘리던 그녀를 꼭 안아 주고 싶다.

다이애나비를 연상케 하는 그녀의 결혼식 사진처럼 언제 꺼내 보아도 아름다운 향기가 나는 그런 사람으로 기억되길. 그녀가 지키려 했던 주변 사람들의 송별 글이 초롱초롱 등불 되어, 그녀의 발걸음을 밝혀 주길 바라며 벚꽃이 날리는 이 봄에 그녀를 기리는 단상을 글로 남겨 본다.

마치 그녀가 그랬던 것처럼.

나의 오마주

2017년 4월

서울대학교암병원 소화기내시경실

파트장 백미리

증보판 발행을 축하하며

서울대학교병원과 세브란스병원. 근무하는 곳은 달랐지만, 김영미 작가와의 인연은 10여 년 전 한국간호행정학회 임원으로 인계인수를 하면서 시작되었다. 주로 대한간호협회의 총회나 학술대회에서 만났으며, 2년 전 바르셀로나 국제간호협의회학술대회(ICN)에서 강릉여고와 원주여고 출신임을 알게 되어 '강원도'라는 동질감으로 가까워졌다. 그리고 지난주에 열린 싱가포르 ICN에서 기간 내내 함께하며 서로 더 깊이 알아가던 중 수필집을 냈다는 사실을 알고 귀국하자마자 이 책을 읽어보게 되었다.

「간호사 김영미」를 단숨에 읽어 내려갔다. 가볍지 않은 주제를 쉽고 재미있게 풀어내니 다음 내용이 궁금하여 책에서 눈을 뗄 수가 없었다. 책장을 덮으니 진한 감동이 밀려왔다. 진정한 '간호행정가로서의 나이팅게일의 후예'이다. 동시대에 간호 관리자로서 같은 길을 걸으며 뜨거운 열정과 끈기로 간호역사를 만들어 낸 작가에게 큰 박수를 보낸다.

간호대학생에겐 비전을, 간호사에겐 공감과 위로를 주며, 일반인에겐 간호사에 대한 고정관념을 없애주는 이 책은 남녀노소 누구나 읽어도 좋을 내용이다. 우선, 간호 관리자의 바이블이라 할 수 있으므로 100명이 넘는 세브란스병원 간호국의 모든 간호 관리자에게 선물해야겠다.

책을 주문하자 마침 증보판 인쇄에 들어간다고 하여 추천사를 쓰게 되었으니 이 무슨 인연인가!

2019년 7월

세브란스병원 간호부원장 오경환

감사의 글

정년퇴직할 수 있는 행운과 건강을 허락한 신께 감사합니다.

오늘이 있기까지 든든한 울타리가 되어 준 기관과 모든 구성원께도 감사합니다. 제 인생의 대부분을 보낸 서울대학교병원, 앞서 길을 만들고 이끌어 주신 선배님들, 무던히 호응해 준 동료와 후배들, 탄생에서 죽음까지 간호사와 함께한 환자분들께 무한한 감사와 애정을 보냅니다.

등단에서부터 책이 나오기까지 많은 분의 도움을 받았습니다.

수필가의 길로 이끌어 주신 여고 선배 손수자 선생님, "감동을 줘야 수필문학"이라고 강조하신 '창작수필'의 오창익 교수님과 선후배 문인 선생님, 고향을 사랑하고 후배를 따뜻하게 품어 주신 '강릉 가는 길'의 문인 선배님들, 어지러운 초고를 읽고 고견을 주던 똑똑한 후배들에게 먼저 감사드립니다.

간호 팀을 신뢰하고 적극적으로 지원해 주신, 가끔 보내 드리는 글에 빠짐없이 칭찬을 보내 주셨던 노동영, 김태유 전 서울대학교암병원장님과 백미리 전 내시경실 파트장님, 진심을 담아 추천사까지 써 주시니 그저 감사할 뿐입니다.

간간이 제 글을 읽고 간호학생들에게 권하고 싶다며 책 발간을 독려한 후배 김세영 교수께 감사합니다.

제목 붙이는 데 일가견이 있어 학창 시절 문예반이었음을 인정하게 하는 남편, 가끔 주어와 술어의 모호함을 발견해 내는 아들, 언제나 잘 썼다고 응원하는 딸, 약간 아쉬운 부분을 예리하게 지적해 주는 언니에게 감사와 사랑을 전합니다. 제 글을 기다리시는 애독자 시어머니와 요양병원 침상에서 글을 읽고 감상평까지 하시는 친정어머니께 존경과 감사의 마음을 전합니다.

글이 나올 때마다 환호하며 감탄과 격려를 아끼지 않으신 독자분들, 특히 원내 게시판에 올린 수필보다 더 멋진 댓글로, 저자와 다른 독자들을 감동시키며 의리의 댓글부대가 되어 준, 아주 특별한 여러 분께 고개 숙여 감사드립니다.

한 바퀴 돌며

무술戊戌년, 육십갑자 인생 한 바퀴 돌았다.

스무 살에 상경하여 서울에서 더 오래 살았으나 '강원도 사람'이라고 한다. 산수가 아름다운 강원도를 고향으로 둔 덕분에 고향 홍보대사가 되었고, 글까지 쓰게 되었다. 고향 이야기에 대한 직원들의 폭발적인 반응을 보며 정서의 공감대를 느꼈고, 병원과 고향의 이야기가 구분이 없어졌다.

아메리칸드림을 이루고자 간호학과를 선택하여 대학병원 간호사가 되었다. 신입 시절엔 언제든 떠나려고 기숙사에서 짐도 풀지 않았는데, 지금은 정년퇴직을 앞두고 있다.

환자를 직접 돌보는 간호사보다 간호관리자로 더 많은 시간을 보냈다. '나이팅게일의 탁월한 능력이, 간호사로서의 자상함이라기보다 행정가로서의 철저함'이라는 전기 작가의 글에서 위안을 얻는다. 경험만 가지고 선배 노릇하기에 부족함을 느껴 늦은 나이에 대학원에 진학했고, 현장의 문제를 해결하고자 연구를 했다. 간호기록을 포함하여 기록의 중요성을 강조했다. 환자안전, 간호사안전, 간호사교육, 조직문화 등 다양한 주제에 관심을 두었다. 간호사의 자부심 고취에 애썼고, 그에 걸맞은 능력 배양과 사명감에 따른 행동을 요구했다.

내가 해낸 일을 글로 쓸 때는 소설 토지에서 읽은 문장이 떠올랐다. '(중략)정말 저걸 내가 만들었는가, 일한 시간은 간 데 없고 흔적도 없는데….'라고 도공(陶工)과 목공(木工)이 말했다는….

바쁘다는 소리를 입에 달고 어렵게 써 온 수필이지만, 글을 읽고 감동했다며 메일을 보내 주는 독자들이 있어 보람은 있었다. 교수인 후배가, 간호학생들이 현장에서 겪게 될 다양한 일을 미리 알려 주면 좋겠다고 하여 책 발간을 서두르게 되었다. 글도 부끄럽고 내가 한 일을 쓰다 보니 자랑 같아 망설여지지만, 누군가에게라도 어떤 측면에서든 도움이 된다면 의미가 있을 것 같아 내놓기로 했다.

차례

3부 활력징후

4부 큰 송방댁

5부 그림이 되고 시가 되는 내 고향

책을 내고 나서

1부
오만과 편견

오만과 편견

30여 년 전 봄, 간호사 3년 차로 교대근무를 하며 기숙사에서 지낼 때였다. 비번 날 데이트하러 가느라 창경궁 맞은편 정거장에서 버스를 탔다. 당시 버스 내부는 양쪽 가장자리에 1인용 좌석이 나란히 있고 맨 뒷좌석은 가로로 배치되어 가운데가 널찍했다.

나는 오른쪽 중간쯤에 앉아 창밖을 내다보고 있었다. 휴일 아침이라 승객이 별로 없어 버스 안은 조용했다. 밤번 근무를 마친 간호사 몇 명이 앉아서 졸고 있었고 휴가 나온 군인이 손잡이를 잡고 서 있었다.

조용한 버스의 맨 뒷좌석에서 남들 들으라는 듯 큰 목소리가 들려왔다. 한 중년 남성이 옆자리의 부인과 앞자리의 아들에게 말을 건네는 형식으로 아들이 의과대학생이라는 것을 자랑하고 있었다. '아버지 입장에서 아들이 대견해서 저러겠지.'라고 생각하는 순간, 이어지는 모욕적인 발언에 신경이 곤두섰다.

"이 녀석은 정신과를 전공하겠다는데…. 너는 그 과가…."라고 시작하더니 "간호학과 학생과 절대로 사귀지 마라. 모두 의사와 결혼하려고 간호학과에 들어가는 애들이다."라는 황당한 말을 했다. 한 번으로 끝내는 것도 아니고 간호학과생을 비하하는 다양한 말을 계속 쏟아 내고 있었다. 기가 막혀 당장 일어나서 항의하고 싶었으나 용기가 나지 않았다. 그 댁 아들 이름과 어느 의대에 다니는지를 물어봐서 그 학교 간호대 게시판에 '당신 아들과는 절대로 사귀지 말라.'는 방을 붙여 주겠다고 할까. S대가 아니라고 하면 'S대도 아니면서 그렇게 잘난 척하냐.'고 해 볼까. 어떤 말을 해야 복수가 될까를 궁리하느라, 흥분한 20대 간호사의 머리는 급하게 돌아갔다. 앉아 있는 간호사들과 힘을 합해 보려고 아무리 둘러보아도 나와 눈을 마주치는 이는 없고 무심히 창밖만 보고 있었다.

버스가 삼선교를 지나 신설동 근처까지 왔을 때 나는 자리에서 일어나 뒤편으로 걸어갔다. 침착하자고 다짐하며 "저, 웬만하면 못 들은 척하고 가려고 했는데 도저히 참을 수가 없어서 일어났습니다. 저는 간호학과 출신입니다."라고 하자 버스 안의 온 승객이 나에게 집중했다. 부모님 앞자리에 앉은 그 의대생은 순식간에 점퍼로 머리를 감싸 엎드리며 얼굴을 숨겼다. 무척 민망했던 모양이다. "우리 동창들은 누구도 그런 목적으로 간호학과에 들어오지 않았습니다. 남의 과를 모함하지 마세요."라며 힘주어 말했다. 말은 할수록 격앙되었다. 당시 비하나 폄훼라는 용어가 떠오르지 않아 모함이라고 표현한 게 아쉬웠다. 중년 남성은 당황한 듯 "못 들은 척하고 가 달라. 아들 교육 차원에서 말한 것뿐이다."를 반복하며 내게 사정했다. 본인도 떳떳하지는 않았던지 얼른 상황을 모면하려고 했다. 그 바람에 복수를 위해 준비했던 말은 하지 못했다. 나는 목적지에 도착할 때까지 분을 삭이지 못하고 서 있었다.

버스에서 내려 지금은 시댁이 된 가족을 만나 이 사건을 얘기하자 "우리 집에서 간호사 욕하면 뼈도 못 추리겠다."라고 해서 웃었다. 시외숙모님 한 분이 간호장교 출신이고 맏동서도 간호사 출신이다. 국군 장교이셨던 시아버님께서 간호장교에 대한 이미지가 좋았던 것 같다.

간호협회의 총회나 큰 행사에서 내로라하는 정치인들이 축사나 인사말을 할 때, 부인이 간호사 출신이면 개선장군처럼 내세우며 자랑한다. 가족 중에 누구라도 간호사가 있으면 끌어다 댄다. 한 정치인은 생각다 못해 자신이 젊을 때 소개 받아 데이트했던 여성이 간호사였다는 말을 해서 폭소를 자아냈다. 솔직히 정치적으로나 가정적으로 간호사를 부인으로 맞아 손해 볼 일은 없는 것이다.

평소 기세등등하던 고위직 인사들이 간호사 출신 장관이나 국회의원 앞에서 취하는 행동을 보니 다들 왜 그렇게 권력을 쥐려고 하는지 알 것 같았다. 한때 "장관이 되려면 간호사가 되어야지."라며 자조 섞인 말을 하는 의사도 있었다.

올 초에 늦깎이 대학원생인 후배의 학위논문 심사를 끝내고 담소하던 중 깜짝 놀랐다. 30여 년 전 간호학과 학생이던 후배가 바로 그 버스 안에 있었단다. 버스에서 너무 억울한 소리를 들어 속 태우고 있는데 누군가 나서서 통쾌하게 반격해 속이 후련했노라고 했다. 세상에 이런 일이!

세계적으로 '간호사'라고 하면 가장 먼저 나이팅게일을 떠올리며 좋은 이미지를 갖는다. 그런데 유독 한국에서는 평가절하하려는 이들이 있다. 굳이 나이팅게일이나 외국의 간호사에 대해 언급하지 않아도, 우리나라 근현대사를 보면 간호사가 국가 발전에 얼마나 많이 기여했는지 알 수 있다.

간호사는 최초의 여성전문직업이었다. 1903년에 간호사이자 선교사인 에드먼즈[1]가 간호원양성학교를 설립하여 전문직 직업교육을 처음 실시하였고, 1907년에 정부 산하기관으로 대한의원을 설치하여 간호사와 조산사 양성 제도를 만든 것이 정부에서 공식적으로 실시한 간호교육의 효시(嚆矢)가 되었다.

우리나라 최초의 여성독립운동단체인 '혈성단'을 조직한 이들 대부분이 간호사이며 정신고녀, 이화고녀 등 유수한 여성교육기관 졸업생이다. 일제강점기에 간호인들은 국내외에서 독립만세운동과 군자금 모금, 적십자활동, 민중계몽운동, 무장투쟁활동 등 다양한 독립운동을 하였으며, 전문직 교육을 받은 신여성으로 안정적인 생활을 유지할 수 있었음에도 빼앗긴 조국을 위해 행동으로 실천하였다.[2] 조선총

1 에드먼즈(Margaret J. Edmunds): 미국 감리회 여자해외선교회 소속 선교사로 미국에서 간호교육을 받은 캐나다 출신 간호사. 1903년 서울 정동의 부인병원 보구녀관(保救女館)에 간호원양성학교(현 이화여대 간호과학부의 전신)를 설립했다. 대한간호, Vol.41(1), 2002.

2 김려화 · 김미영(2014). 일제 강점기 여성 간호인의 독립운동에 관한 역사연구. 간호행정학회지, Vol.20(4), 455–467.

독부의원(구 대한의원)의 간호사로 근무하던 박자혜[3] 선생은 간호사 출신의 독립단체인 '간우회'를 조직하여 독립운동에 뛰어들었다.

독립운동뿐 아니라 국가의 위기상황에는 언제나 간호사가 활약하였다.[4] 6 · 25한국전쟁, 월남전 종군간호 때의 활약은 말할 것도 없고, 1960년대 서독 간호사 해외취업은 한국의 초기 산업화 과정에서 경제 발전의 든든한 밑거름이 됐다. 몇 해 전의 메르스 사태를 기억하는가. 환자로 입원한 적이 있거나 의료기관에서 인증평가를 경험한 사람은 알 것이다. 간호사가 얼마나 중요한 일을 하는지.

국가위기에 헌신한 간호사의 공로를 기리기 위해 여러 나라에서 발행한 기념우표를 보니 놀랍고, 뿌듯하고, 부럽다.

---

3 박자혜(朴慈惠, 1895~1943): 숙명여학교에서 신교육을 받고 조산부양성소를 거쳐 조선총독부의원(구 대한의원)에서 간호사로 근무했다. 1919년 3월 1일 만세운동으로 다친 환자들을 돌보며 민족의 울분을 느껴 간호사들의 동맹파업을 주도하고 독립만세 시위항쟁을 전개하였다. 병원 내 한국인 동료, 의사들과 규합하여 시내 국공립 병원 직원들과 동조로 태업을 주도하다 일본경찰에 체포되어 갖은 고문을 당하고 풀려난 뒤 함께 독립운동을 펼친 의사들이 사직 당하자 더 이상 일제를 위해 일할 수 없다는 각오로 병원을 그만두었다. 중국 베이징으로 떠나 연경대 의예과에 입학했고 단재 신채호와 만나 결혼했다. 1977년 대통령표창, 1990년 건국훈장 애족장이 추서되었다. 네이버 지식백과.

4 구 한국군대 해산(1907년) 시 부상 군인 간호, 대홍수(1919년, 1925년) 때는 이재민 구호사업, 콜레라 발생(1920년) 시 구급간호, 만주사변(1931년) 당시 봉천, 장춘 등에 수용된 피난동포를 간호했다. 대한간호,v.41(1), 2002. 간호장교단(1948년) 창설 후 간호장교들은 여순반란사건과 지리산 공비 토벌작전에서 군경의 응급처치와 간호를, 1964년 6명의 간호장교 파견을 시작으로 8년간 연간 100명 내외의 간호사가 월남전에 종군간호사로 파견되어 100만여 명을 돌보았다. 대한간호, v.41(3), 2002.

30여 년의 세월이 지났으니 사회도,

인식도 변했을 것이다.

요즘은 간호학과가 인기학과라고 한다.

무엇보다 간호의 본질이 존경받는 사회 분위기가

되었으면 하는 바람이다.

(2017. 9. 25.)

영원한 실습조

지난 크리스마스 연휴에 태국 북부지역으로 여행을 했다. 건축사적 의미가 있다는 '백색사원(왓 롱 쿤, Wat Rong Khun)'을 보러 치앙마이보다 북쪽에 위치한 치앙라이로 가는 길이었다.

화가이자 건축가로 유명한 대학교수가 돌아가신 어머니를 위해 사비로 지었다는 하얀색 사원에 대해 잔뜩 기대하고 가는데, 도로가 인산인해를 이루었다. 태국 유명 가수의 자선 마라톤 행사에서 바로 그때가 사원에 도착하는 시간이었다. 멀리서 사원의 지붕만 보고 돌아갈 수밖에 없었다. 빨리 차에 타라고 가이드가 재촉하는데, 사람들 머리 사이로 눈에 익은 모습이 확 들어왔다.

촛불을 든 간호학생들이 아름다운 사원의 연못 모서리를 따라 나란히 서 있었다. 40년 전에 내가 입었던, 흑백영화에나 나올 것 같은 그 실습복에 하얀 캡까지 쓰고 있었다. '캔들 세리머니(candle ceremony)', '캐핑(capping) 세리머니'로 불리는 '나이팅게일 선서식'을 하는 모양이었다. 추억의 장면이었다. 웬만하면 뛰어가서 사진도 선명하게 찍고 인터뷰를 하고 싶었으나 도저히 인파를 헤치고 들어갈 수가 없었다. 멀리서 그 장면을 놓치지 않으려고 안간힘을 썼다. 그 사원을 백색으로 만든 이유가 부처의 순결한 마음을 나타내는 것이라고 하니 간호학생들의 촛불의식과 연관이 있을 것도 같았다.

어느 대학 학생들인지 무척 궁금하다. 요즘은 간호사든 학생이든 실용성에 초점을 두고 복장 디자인을 선택한다. 예전에 입었던 실습복은 폴리에스테르와 면이 섞인 원단으로 얇고 부드럽지만 신축성이 없었다. 하늘색 반팔 원피스에 앞을 모두 가리는 흰색 앞치마를 입고 흰색 캡을 썼다. 지금은 인터넷 이미지에서도 찾아보기 힘든, 옛날 영화에나 나올 법한 그 복장을 태국에서 보다니!

여행지에서 우연히 본 그 장면으로 잊고 지냈던 40년 전 기억을 떠올렸다. 간호대 2학년이던 1978년 봄, 기본간호 실습 전에 캐핑 세리머니(그때는 이렇게 불렀다)를 했다. 뭐가 그리 대단한 행사라고 지방 출신인 나는 고향 친구들을 잔뜩 초대하여 학교 정원에서 단체 사진을 찍었다. 가족 중에는 유일하게 복학생이던 이종사촌 오빠가 고교 동창과 함께 왔는데, 오빠 동창은 그 자리에 참석한 내 여고 동창과 인연이 되어 결혼까지 했다. 지금 생각하니 다른 남자들도 여학생을 만날까 하여 참석한 게 아닌가 싶다.

우리 학년은 (구) 대한의원 건물에서 근육주사 실습을 한 마지막 기수이다. 간호학과의 특성으로 실습할 때는 조 단위로 움직인다. 구성원의 특성에 따라 실습이 즐겁거나 괴롭기도 하며 성적에도 영향을 미친다. 요즘은 어디든 학점이 중요해서 매우 경쟁적인 데 비해 당시엔 별로 그렇지 않았다.

3학년 때 주로 병동 실습을 하는데 간호사의 교대시간에 맞춰 이른 새벽에 병동으로 나가는 게 참 힘들었다. 보통 출결이 자유로운 것을 지칭할 때 '대학생'이라고 하는데 우리는 고등학생보다 더 엄격한 스케줄로 대학생활을 했다. 방학도 다른 과보다 늦게 시작해서 늘 불만이었다. 당시엔 대학로에 찻집이 별로 없었는데 실습이 끝나면 바로 마로니에 공원 근처 찻집에 모여 실습 멤버들과 수다를 떨었다. 주로 실습병동의 간호사와 수간호사에 대한 이야기를 했다. 내가 간호사였을 땐 학생들이 어떻게 평가했을지 궁금하다.

고등학생일 때는 대학생이 부러운 것처럼 간호학생 시절엔 숙련된 간호사들이 대단하게 느껴졌다. 실력도 있어 보이고, 자신 있는 태도로 환자에게 친절한 간호사를 보면 존경심이 일었다. 간호사가 되고 보니 학생 때보다 마음은 더 편했다. 학생 땐 남의 집에 온 듯 눈치가 보였기 때문이다.

내 · 외과계 실습은 그런 대로 재미있었고 수기술(skill)도 많이 익혔다. 부인과 실습할 땐 소변 줄 삽입을 수도 없이 해 봤다. 그런데 요즘은 학생에게 환자도 적게 배정할 뿐더러 환자를 대상으로 연습할 기회가 많지 않다고 한다. 시대의 흐름에 따라 시뮬레이션 모형으로 연습하니 그럴 수 있다고 본다. 나는 어린이병동 실습이 가장 힘들었는데 아픈 아이와 보호자에게 다가가는 게 참 어려웠다. 나중에 어린이병동에서 근무할 때도 어른병동보다 어렵다고 느꼈다.

지역사회간호 과목으로, 강원도 춘성군(지금은 춘천시로 편입) 보건소에서 실습할 땐 농촌 지역을 가가호호 방문하고 채변 봉투도 나누어 주었다. 우리는 실습보다 춘천 근처로 놀러 가는 데 관심이 더 많았다. 서울시 중구 보건소에서 실습할 때는 보건소 간호사로부터 교육 받은 후, 산등성이의 집들을 방문하여 결핵 예방법과 산아제한(産兒制限, birth control)을 위한 피임법에 대해 교육했다. 가족계획 표어인 "딸 · 아들 구별 말고 둘만 낳아 잘 기르자"가 이 무렵 정부 정책이었다. 어떤 주민은 나더러 말을 잘한다며 교회에 다니느냐고 물어보기도 했다. 다리도, 입도 피곤했지만 실습이 끝난 후 신당동 떡볶이 집에서의 모임은 돌아다니느라 쌓인 피로를 풀어 주었다.

수술실 실습으로 수술과정을 참관하던 중, 한 유명 교수가 수술 팀원들(레지던트, 간호사)을 비인격적으로 대하는 것에 충격받아 근무부서 지원할 때 수술실을 지원했다가 나중에 마음을 바꿨다. 직장에서 그런 대우를 받고 싶지 않았다. 중곡동 국립정신병원 실습 후엔 어린이대공원으로 몰려가 노는 것을 당연한 코스로 여겼다.

이렇게 다양한 실습을 하는 동안 우리는 학과에 대한 갈등이 어떤 전공자보다 많았다. 그러나 그 과정을 견뎌냄으로 얻는 게 한두 가지가 아님을 세월이 지나서야 깨달았다. 졸업장과 직업뿐 아니라 친구들과의 끈끈한 우정까지….

나를 포함하여 지방 출신 몇 명은 휴일이면 홍제동 친구네서 푸짐하게 먹고 놀며 뒹굴었다. 그 당시에 특히 귀하던 바나나를 실컷 먹을 수 있었다. 그 친구 아버님이 농협에 다니셨다. "나중에 농협 다니는 남자한테 시집가야겠다."고 말한 친구가 있어 지금도 놀려댄다. 그렇게 학창시절을 함께 보내고 사회에 나와서도 친분이 이어지니 실습조로 묶인다는 게 대단한 인연이란 생각이 든다. 졸업 후엔 직장도, 분야도, 지역도 다를 뿐더러 각자 바쁘게 살다 보니 몇 명이 따로 만나기는 해도 모두 한자리에 모이긴 쉽지 않았다.

작년 여름 한창 더울 때, 실습 멤버들이 부산, 창원, 대전 등지에서 올라와 5명이 서울에서 모였다. 모두 함께 모인 건 40년 만이었다. 동대문 근처 호텔방을 잡아 밤늦도록 지나온 세월을 이야기했다. 환갑이 다 된 나이에 한 명만 교직에서 명퇴하고 모두 현직에 있는 것도 간호학과 출신이기 때문이리라. 학창시절엔 지방 출신이던 내가 지금은 서울 사람이 되어 관광일정을 짜고 종로구 안내를 맡았다.

여름 끝자락에 만난 뒤 크리스마스이브에,

그것도 태국의 사원에서, 40년 전 우리의 모습을 본 게

우연은 아닌 듯하다. 하얀 캡을 쓰고 간호학 실습을

함께했던 친구들이 그립다.

우리는 영원한 실습조이기에.

(2018. 1.)

나이팅게일의 후예

'플로렌스 나이팅게일 기장' 수상은 간호사로서 최고의 영예이다. 제46회 한국 수상자로 이애주 전 서울대병원 간호부장이 선정되었다는 뉴스가 외부 매체뿐 아니라 원내 게시판에도 실렸다.

평소 별 관심 없이 지나치던 뉴스인데 대학 선배이자 오랜 기간 병원에서 상사로 가까이 모셨던 분의 수상 소식이라 더 반갑고, 이 메달에 대해 관심이 갔다. 플로렌스 나이팅게일 기장(The Florence Nightingale Medal)은 국제적십자위원회(ICRC, 스위스 제네바 소재)에서 나이팅게일의 업적을 기리고자 제정한 것으로 간호 분야에서 공적이 큰 간호사에게 수여한다. 2년마다 전 세계에서 50명 이내의 수상자를 선정해 나이팅게일 탄생일 즈음에 발표한다.

5월에는 '국제 간호사의 날' 행사가 전 세계에서 열린다. 인터넷 검색을 하면 아프리카, 아메리카 할 것 없이 '간호사의 날(Nurses Day, 12th May)'이라 적힌 기념식 사진을 찾을 수 있다. 나는 서울시간호사회에 속하는 종로구간호사회 임원(회계, 총무, 회장)을 10년간 맡았었다. 해마다 봄이면 국제 간호사의 날 행사에 종로구간호사 회원들과 함께 참여했다. 그럼에도 불구하고 이 행사를 5월에 하는 이유를 몇 해 전에야 알게 되었다. 나이팅게일 탄생일이 5월 12일인 것이다. 돌아가신 조상의 생일날 제사를 지내던 우리나라 옛 풍습이 스쳐 간다. 나이팅게일의 대단한 후손들이다.

나이팅게일(1820~1910) 탄생 100주년에 맞춰 제1회 플로렌스 나이팅게일 기장을 수여하였다. 몇 해 전에는 나이팅게일 서거 100주년을 맞아 나이팅게일의 업적을 돌아보는 기사를 일간지에서 읽었다. 탄생일과 서거일을 모두 기념할 정도이니 간호사뿐 아니라 일반인에게도 존경받는 인물임이 틀림없다. 어느 분야의 선구자가 이렇게 세계적으로 대접받을까?

2010년 봄, 끌어다 붙이자면, 나이팅게일 서거 100년이 되던 해, 터키 여행을 했다. 단체로 버스를 타고 보스포루스 다리를 건너던 중, 이스탄불에는 '나이팅게일 병원'이란 간판이 많다고 가이드가 지나가는 말로 했다. 아무도 관심 있게 듣지 않았다. 간호사인 나야 귀가 번쩍 뜨일 수밖에.

1854년 나이팅게일이 야전병원을 설치하고 크림 전쟁의 부상자를 치료한 곳이 이스탄불[1]의 위스퀴다르(Üsküdar) 지구라고 했다. 위스퀴다르? 크림전쟁, 스쿠타리, 야전병원…. 그럼 간호 역사 시간에 배

1 이스탄불: 터키의 주(州), 주도(州都). 보스포루스 해협을 사이에 두고 유럽과 아시아에 걸쳐 있다. 이스탄불의 아시아 쪽에 위스퀴다르(Üsküdar) 지구가 있다.

운 스쿠타리(Scutari)는 어디란 말인가? 가이드한테 더 자세히 물어볼 수가 없어 서울로 온 뒤 나이팅게일에 대해 찾아보았다.

위스퀴다르의 옛(로마시대) 명칭이 스쿠타리(Scutari)였던 것이다. 암기식 교육의 결과가 여기서 드러났다. 터키 여행에서 돌아온 후 기회 있을 때마다 교수, 간호사, 학생들에게 스쿠타리가 어느 나라의 지명인지 아느냐고 물어보며 알은체했다. 간호사나 학생 대상으로 강의할 때 위스퀴다르 지역에서 찍은 사진을 보여 주며 이 동네가 교과서에 나오는 그 '스쿠타리'라고 알려 줬다. '위스퀴다르'란 이름도 어쩐지 낯설지 않았다. 한국전쟁에 참전한 터키 군인들이 불렀던, 우리의 아리랑과 같은 노래라고 한다. 어릴 때 들어 본 멜로디였다.

'나이팅게일'을 인터넷에서 검색하면, '현대 간호학의 창시자로 군의료 개혁의 선구자'라는 대표 문구 아래 '천재적인 통계학자이자 뛰어난 행정가'라고 나온다. 전쟁 중의 초인적인 간호에 '백의의 천사'라는 이름을 얻었고, 전 세계적인 위인 반열에 올랐다. 전기를 비롯해 드라마나 영화도 많이 제작되었다.

영국의 전기 작가 리튼 스트레이치는 '백의의 천사'라는 이상화(理想化) 대신 탁월한 행정가이며 조직가로서 나이팅게일의 재능과 좌절에 주목하자고 제안했다. 문화사가 자크 바전도 "나이팅게일은 간호뿐 아니라 행정가로서 능력을 과시했다. 행정가로서 인정을 받으려면 정치적 감각도 남달라야 하는데, 나이팅게일에게는 바로 그런 능력이 있었다."라고 했다.[2]

---

2 http://www.huffingtonpost.kr/2016/08/28/story_n_11756682.html

국공립대학병원에서 간호관리자로 오랜 세월을 보낸 나는 인터넷에서 읽은 아래의 글이 확 와 닿았다. “전쟁 내내 나이팅게일은 후방에서 또 다른 전쟁을 치렀다. 영국 정부와 군부, 그리고 터키 정부에 만연한 관료주의와 씨름을 해 가면서 야전병원을 운영해야 했기 때문이다. 사실 나이팅게일의 가장 탁월한 능력은 간호사로서의 자상함이라기보다는 오히려 행정가로서의 철저함이었다.”[3] ‘야전병원’을 ‘대학병원’으로 변환해 보니 어색하지 않게 읽힌다. 그리고 이애주 선배님을 떠올렸다.

이번에 나이팅게일 기장을 수상한 이애주 선배님은 간호부장을 역임하는 동안 병원간호사회 회장, 대한간호협회 부회장에 이르기까지 대한민국 간호조직의 리더로서 간호의 전문성 확립과 병원간호 발전에 공헌했다. 제18대 국회의원 시절에는 파독간호 평가 사업을 펼치고 보고서를 편찬하는 등 보건의료 정책 활동을 통해 간호사의 역사적, 사회적 위상을 높였다. 간호사, 특히 병원간호사의 자긍심을 심어주었다.

---

3 네이버 지식백과(인물대사전).

나이팅게일의 후예로서, 간호뿐 아니라

행정가, 정치가로의 재능까지 발휘했으니

나이팅게일 기장 수상자가 되기에,

이보다 충분한 조건이 있을까?

(2017. 11.)

간호사 모두의 얼굴

간호사가 무슨 일을 하는지도 모르고 간호학과에 입학하여 대학 졸업 후 바로 병원근무를 시작했다. 언제든 한국을 떠날 생각으로 기숙사에서 트렁크의 짐도 풀지 않았고, 직원한테 수익률이 높다는 저축도 들지 않았다. 그랬던 내가 이렇게 한 직장에서 정년퇴직을 앞두고 있으니 인생이 계획대로 가는 건 아닌 모양이다.

당시엔 외국에 나가는 것 자체가 힘들었기에 미국 간호사 면허시험을 볼 수가 없어 외국간호대학 졸업자를 위한 자격시험인 CGFNS[1] 시험 준비를 했다. 시험과목은 전공과 토플 형식의 영어였다. 시험에 붙고 미국 병원에 계약되어 고용허가도 받았지만 결국 눌러앉게 되었다.

고등학교 시절의 영어 선생님 덕분에 발음에 신경을 쓰게 되었고, 대학에서 의학용어를 공부할 때도 발음기호대로 말하려고 노력했다. 그룹별 발표시간에 담당 교수의 틀린 발음이 반복되면 끝까지 참지

1 CGFNS: Commission on Graduates of Foreign Nursing Schools

못해 중간에 내가 교정을 한 적도 있다.

어쩌다 후배들과 옛이야기를 할 때면 내가 의학용어 발음교정에 유별났었다고 한다. 그 건으로 상처를 받았는지 모르겠다. 당시 해외여행은 물론 유학도 자유롭지 않았을 뿐더러 영어회화 학원도 흔치 않았다. 보통은 발음에 무신경했다.

수간호사로 승진하여 첫 발령을 받은 곳이 신경외과병동이었다. 병동환자들이 호소하는 증상으로 메스꺼움(nausea), 구토(vomiting), 요통(lumbago)이 많았다. Nausea[nɔ:ziə; nɔ:siə]는 '노지아' 또는 '노시아'로 모음이 '오'에 가까운데 간호사들이 '나우지아'로 발음하고 있었다. 물론 의사도 그렇게 발음하는 이들이 있었다. Lumbago[lʌmbéigou]는 '럼베이고'인데 간호사, 의사 모두 '룸바고'라고 했다.

일반적인 영어는 몰라도 주로 사용하는 의학용어 몇 개는 발음을 제대로 하자며 강조했다. 근무조별 인계인수 시간에 간호사가 틀리게 발음하면 지적을 했다. 뒤로 들은 얘긴데, 기숙사에 있는 병동 간호사가 "수간호사가 이런 것으로 스트레스를 준다."고 불평했다고 한다. 이런 원망을 들으면서까지 내가 그렇게 강조한 이유는 간호사의 이미지 때문이었다. 누가 듣더라도 발음이 틀리면 속으로 무시할 것이란 생각이 들었다. 간호사의 영어 발음이 틀리면 내 자존심이 상했다.

그 후 10년도 훨씬 지나서였다. 남편이 의사인 한 동료와 대화하다

"바로 이거야!"라며 무릎을 쳤다. 그 병원에서 간호사들이 인계인수할 때 의학용어 발음이 엉망이라며 무시하는 뉘앙스로 말을 하더라는 것이다. 그동안 간호사의 발음에 신경 쓴 당위성이 현실로 증명된 것이다. 나만의 편협한 생각이 아니었다.

1990년대 말까지는 우리나라 대형병원의 의료기록도 종이차트 방법이었다. 지금처럼 컴퓨터에 저장해 놓은 진술문을 클릭해서 갖다 붙이는 게 아니라 볼펜으로 직접 써 내려가야 했다. 일정한 형식 없이 서술하니 개인별 기록 수준도 차이가 났다. 환자 상태를 파악하는 데는 간호기록이 가장 좋은 자료였다. 의사들은 환자상태를 파악하기 위해 서술된 간호기록지를 열심히 읽었다. 의학용어는 영어로 썼는데 철자가 틀린 경우가 더러 있었다. 물론 의사도 철자가 틀리기는 하지만 간호사가 틀리게 쓴 걸 보면 창피해서 바로 수정을 하도록 했다. 특히 vomiting(구토)에 't'를 두 개 쓰고, defecation(배변)에서 'e'를 'i'로 쓰는 일이 흔했다. 다른 직종에서도 그랬지만 간호기록에서 틀린 걸 발견하면 참기 어려웠다.

미국 보스턴에서 병원 연수받을 때는 하버드 스퀘어에 있는 하버드 대학 협동조합(Harvard Coop)의 서점에 들르곤 했다. 1998년도에 그곳에서 간호기록 작성방법에 대한 책을 발견하고는 얼마나 기뻤는지 모른다. 내가 법적 관점의 간호기록에 대한 주제로 강의하고 논문을 쓸 수 있게 길잡이가 되어 준 게 바로 그 책이다. 그 책에 보면 법적 자료가 되는 기록인데 철자를 바르게 써야 한다는 내용이 있다. 왜냐하면 철자가 틀리면 신뢰가 떨어진다는 것이다. 개인적인 생각으로 주장해 온 일인데 책에서 글로 입증해 주었다. 보물을 찾았다.

내과병동 수간호사였을 때 병동에서 고참 레지던트와 맞춤법에 대해 의견 충돌이 있었다. 1988년에 한글 맞춤법이 '~읍니다.'에서 '~습니다.'로 개정되었다고 아무리 설명해도 내 말을 믿지 않기에 국립국어원에 확인해 보라고까지 했다. 다른 곳에 갔다가 병동에 들어오는데 그 레지던트가 국립국어원에 몰래 전화하고 있었다. 겸연쩍은 듯이 "수간호사님 말씀이 맞네요."라고 했다. '간호사 말이라 안 믿으려고 했나?'하는 괜한 자격지심에 기분이 묘했다.

주로 어린 환자에게 적용되는데, 산소마스크를 얼굴에 꽉 끼우는 게 아니라 마스크나 라인을 코 근처에 느슨하게 대놓는 경우가 있다. 이것을 간호사들이 'around'라고 말하며 기록하고 있었다. 표현이 좀 미심쩍었다. 1992년도에 보스턴의 어린이병원에서 연수 중일 때 'blow by O_2'라고 표현하는 것을 보고 '어쩐지~'하며 귀국 후에 수정하여 사용하게 했다.

요즘은 많은 젊은이가 영어를 원어민처럼 한다. 발음이 틀릴까 봐 그리 걱정할 일이 없고, 이미 만들어 놓은 단어를 선택만 하면 되니 철자가 틀릴 일도 없다. 그러나 그 시절엔 그랬다.

외국연수 관련하여 미국병원에 급히 메일을 보낼 일이 있어서 간호사실 컴퓨터로 편지를 쓰고 있었다. 지나가던 레지던트가 놀란 눈으로 "영어 편지를 직접 쓰다니요!"라고 했다. 당시엔 간호사가 영어로 편지를 쓴다는 게 의외였던 모양이다.

신입간호사들을 대상으로 이미지에 대한 강의를 맡은 적이 있었다. 용모뿐 아니라 발음, 맞춤법, 우리말 사용 등에 대해 이야기를 해 주었는데 훗날 만난 직원들이 강의내용이 인상적이었다고 했다. 간호사 위상은 스스로 만들어 가는 것이며, 옆집 사람들은 나를 보고 간호사 전체에 대한 이미지를 갖는 것이라고 열변을 토했었다.

아메리칸드림의 수단으로 학과와 직업을 선택했지만,
내가 걸어온 길, 간호사, 그것도 한국간호사의
수호자인 양 지나왔다. 발음과 철자에서조차
간호사의 위상을 지키고자 노력한 일이
세월 속에 묻혀 가고 있다.

(2017. 12.)

대한간호학술상의 추억

'대한간호학술상 공모안내'가 실린 소식지가 왔다. 해마다 이 공고를 볼 때면 남다른 감회가 떠오른다.

우리나라 최초의 소아혈액종양병동이 오픈되던 1994년에 그 병동 수간호사였다. 암병동, 특히나 혈액종양병동은 환자 중증도가 높아서 일반병동보다 의료 인력이 더 필요하다. 게다가 소아는 성인보다 더 많은 인력이 요구된다. 그러나 간호사 1명만 추가 배정된 상태여서 직원들 고생이 이만저만이 아니었다. 환자 침상마저 부족했다. 퇴원 예정인 환자가 항암제를 맞고 있는 중에도 새로 입원할 환자가 수속하고 치료 준비를 하는 등 의료진은 한 침상에 두 명의 환자를 돌보는 경우가 비일비재했다.

암환자들이 항암치료를 받는 과정에서 척추(요추)에 주사바늘을 넣어 척수강에 항암제를 투여하거나 척수액 검사를 한다. 당시 요추천자[1]를 한 후 6시간 이상 침상안정을 시키는 게 관습이었다. 물론 의

---

1 요추 천자(lumbar puncture): 뇌를 감싸고 있는 경막과 뇌 사이의 공간인 거미막 밑 공간에 있는 뇌척수액을 뽑거나 그곳에 약을 투여하기 위하여 시행하는 검사법이자 처치법이다. 대개 허리 척추에서 실시하기 때문에 요추천자라고 불린다. 가장 흔한 부작용은 요추천자 후 두통(post-lumbar puncture headache). 네이버 지식백과, 서울대학교병원 의학정보.

사 처방도 그러했다. 천자 후 가장 흔한 부작용인 두통 때문이라고 했다. 어린 아이들은 오래 눕혀 두기도 어려웠다. 퇴원 날 요추천자를 하는 경우 6시간 이상 침대에 누워 있어야 하니, 입원하러 온 환자는 침대 이용을 못한 채 의자에 앉아 치료를 시작해야 했다. '6시간 이상이라는 근거가 무엇일까?'라는 의문이 들었다.

변화를 시도하려면 근거가 있어야 하니 논문을 써야겠다고 생각했다. 우리나라 소아혈액종양환자 치료의 선구자인 안효섭 교수께서 격려해 주셨다. '소아혈액종양 환자는 요추천자 후에 굳이 눕히지 않아도 된다.'라는 외국의 저널을 보고 자신감을 얻었다.

그때만 해도 임상간호현장에서 논문 쓰는 일이 흔하지 않았다. 간호부서에서 연구를 독려하고자 임상간호연구 경진대회를 열었다. 마침 시기도 맞고, 병동에 운영경비도 지급되지 않던 때라 상금이라도 받아 보고자 했다.

1995년에 3개월간 환자 65명을 대상으로, 시술 후 누워 있는 시간과 두통 유무를 조사했다. 물론 다른 변수들도 포함했다. 결과는, 누워 있는 시간에 따라 두통 발생에 유의한 차이가 없었다.[2] '시술 후 관찰하는 의미에서 잠시 뉘어 놓는다.'라는 어느 소아과학 책에서 본 문장을 인용하며 1시간 정도만 눕히면 될 것 같다고 제언했다. 당시엔 파격적이었다. 다들 참신하고 유익한 주제라고 감탄했다. 원내 경진

2 김영미(1997). 소아혈액 종양환자의 요추천자 후 침상안정시간이 천자 후 두통에 미치는 영향. 대한간호, 제36권(2). 1996년 제7회 대한간호학술상 본상 수상.

대회에서 수상했으나 상위권에는 못 들었다. 임상에 있는 사람들과 심사위원의 평가가 달랐다.

기대에 못 미치는 순위에 실망해 있던 중 대한간호협회(이하 간협)의 '제7회 간호학술상 공모'라는 기사를 간호사신문(구 간협신보)에서 우연히 보았다. '상금 200만 원'이란 대목에서는 눈이 더욱 커졌다. 지금은 상금이 300만 원으로 올랐는데 당시엔 200만 원도 굉장히 큰 금액이었다. 아무에게도 알리지 않고 응모했다.

잊고 있을 무렵 간협에서 연락이 왔다. 본상 수상자로 뽑혔다고 했다. 본상이라는 의미를 몰라 그게 몇 등이냐고 물었다. 지금은 우수상이라고 하는데 당시엔 본상이라고 했다. 1996년, 워커힐호텔에서 열린 간협총회에서 시상식을 했는데 내가 본상, 대학 교수인 선배가 장려상을 수상했다. 현재는 임상에 있는 자만 책임저자로 응모할 수가 있는데 당시엔 제한이 없었다. 중앙무대에서 논문의 의의를 알아주니 그렇게 고마울 수가 없었다. 자존심이 회복되었다.

간협신보에 본상 논문의 전문이 실렸다. 무척 비중 있게 다루어졌다. 한순간에 스타가 되었다. 원내신문인 함춘사보의 '이달의 인물' 난에 인터뷰기사도 실렸다. 전국 간호계 지인들로부터 축하인사를 받았고, 원내에서도 만나는 사람마다 축하인사를 했다. 전혀 알지 못하는 어떤 의대생이 승강기에서 먼저 말을 걸기도 했다. 나를 어떻게 아느냐고 물으니 응급실 돌 때 함춘사보의 기사를 읽었다고 했다. 매스컴의 위력을 실감했다.

이렇게 관심이 집중되자 임상간호사들이 논문 쓰는 일에 열을 올렸다. 이듬해에는 우리 병원의 후배 수간호사가 본상을 수상했다. 이

후 '요추천자 후 침상안정 시간'을 주제로, 반복연구뿐 아니라 연령, 질환 등 조건에 따라 대상자를 달리한 연구들이 줄줄이 나왔다. 그러나 임상현장에서 실무방법이 바로 변화되지는 않았다.

그 일이 있은 후, 협회 행사에서 대학 후배인 다른 병원 신경외과 수간호사를 우연히 만났다. 어떤 연유였는지는 모르겠는데 자기네 병동의 한 환자가 요추천자 시술 후 6시간이 안 되어 침대에서 일어났다는 것이다. 환자를 의도적으로 일으킨 건 아니었는데 크게 잘못한 양 담당 의사가 심히 화를 내기에, 간협신보에 실린 내 논문을 보여 주었단다. "하지만 아직 우리 병원에서 새로 정해진 건 아니니까…."라며 꼬리를 내리더라는 것이다. 그 논문 덕에 화(禍)를 면했다며 고맙다고 했다.

몇 년 뒤 나는 어린이병원을 떠났다. 그 후 20여 년의 세월 동안 어쩌다 생각날 때 요추천자 후 몇 시간 침상안정을 시키는지 소아, 성인 병동에 물어보곤 했다. 네 시간이나 두 시간으로 들은 게 몇 해 전이다. 며칠 전 소아혈액종양병동에 물어보니 한 시간만 눕힌다는 대답이 바로 나왔다. 22년 전에 파격적이었던 결과가 이제는 임상현장에서 자연스레 적용되고 있다. 성인혈액종양병동에서는 세 시간 동안 침상안정을 시키고 있다고 했다.

몇 년 전, 전국간호대학생모임에서 강연할 기회가 있었다. 경상도 지역의 한 학생으로부터 질문을 받았다. 병원 취업 후에 논문을 쓰고 싶은데 어떻게 하면 잘 쓸 수 있느냐고 물었다. 현장에서 의문이 드는 것, 문제라고 생각하는 것에 관심을 갖는 자세가 첫 단계라고 답하며, 20여 년 전의 일을 떠올렸다.

2015년에 대한간호학술상(제29회)[3]을 또 받았으니 이 학술상과 특별한 인연이 있는 듯하다.

3 김영미 외(2014). 간호사의 환자확인 행동 관련 요인 및 개인-조직 가치일치 분위기의 상호작용 효과. 대한간호학회지, 제44권(2).

해마다 '대한간호학술상 공모안내'가 눈에 띌 때면,

'본상' 수상이라는 영광을 안겨 준,

임상실무에 기여한 그 논문 생각에 미소가 지어진다.

(2017.11.)

호스피스와 안젤라 수녀

'품위 있는 죽음 더 이상 늦춰선 안 된다.'

라는 제목의 기사(데일리메디, 2015.3.24.)가 눈에 띄었다. '호스피스 국민본부'라는 범사회적 단체가 출범했다는 내용이었다. 말기암환자를 대상으로 하는 호스피스[1] · 완화의료[2]에 건강보험수가를 적용하겠다는 복지부의 발표 이후 연이어 호스피스에 대한 기사가 실리는 걸 보니 격세지감이다.

내가 내과병동에서 근무하던 1990년대 후반에는 말기암환자에게 퇴원이 결정되면, 환자나 보호자뿐 아니라 수간호사였던 나조차 대책이 없어 막막했다. 경제적으로 어려운 환자일 경우 더욱 심했다. 그 당시 호스피스병동을 운영하던 곳은 서울 소재 종교기반의 대학병원이 유일하였으나, 비용이 만만치 않았을 뿐더러 입원실이 날 때까지 기약 없이 기다려야 했다. 우리 병원에서 가정간호제도를 도입하기

1 호스피스(hospice): 중세기에 성지 예루살렘으로 가는 성지순례자나 여행자가 쉬어가던 휴식처라는 의미에서 유래되었으며 아프거나 죽어가는 사람들을 위하여 장소를 제공하고 필요한 간호를 베풀어 준 것이 그 효시가 되었다. 현재는 불치 질환의 말기 환자가 품위를 유지하여 고통 없이 남은 삶을 편히 지낼 수 있도록 도와주는 것을 말한다.

2 완치가 어려운 환자의 '삶의 질'을 최대한 높이는 데 목적을 두고 연구, 치료하는 의학의 한 전문분야이다.

전이었기 때문에 말기암환자들을 퇴원시킬 때 집에서 어떻게 돌보라고 해야 할지 정말 난감했다.

그즈음 중학교 때 같은 반 친구였던 우아한 문학소녀 현옥이가 수녀가 되었다는 소식을 들었다. 마리아의 작은 자매회 모현호스피스의 후암동 본부 전화번호를 알아내어 두근거리는 마음으로 통화를 시도했다. 예전에도 그랬듯이 차분한 현옥(안젤라)의 목소리를 듣고는 어찌나 반갑던지 눈물이 날 지경이었다. 서둘러 우리 집으로 초대해서 그동안 살아온 얘기들을 나누었다. 우리 집 아이들은 수녀복장을 한 엄마 친구의 모습을 신기한 듯 존경하는 눈으로 바라보았고, 세속적 사고에 길들여진 나는 수녀의 길을 택한 친구에게 내내 안타까운 맘을 드러내곤 하였다. 그것도 호스피스 수녀라니!

우리나라 호스피스의 효시인 강릉 갈바리 의원에서 간호사로 근무하다 수녀가 되었다고 했다. 모현호스피스에서 말기암환자를 위한 가정방문을 하고 있단다. 그 얘기를 듣자 애잔한 마음은 뒤로 하고, 우리 병동에서 퇴원하는 말기암환자들을 방문해 달라고 부탁했다. 그 후로 우리 병동에서 퇴원하는 말기암환자는 집에서 호스피스 돌봄을 받도록 안젤라에게 연결해 주었다. 든든한 후원자가 생긴 기분이었다. 이때 얻은 정보로 사촌 언니가 말기암환자가 되었을 때는 강릉의 갈바리 의원에서 생을 마감할 수 있도록 내가 주선했다.

부서 이동으로 말기암환자의 퇴원에 대해 더 이상 신경을 안 쓰게 되었을 때 안젤라도 포천의 모현양로원으로 전근되었다. 나는 주말을 이용하여 중 · 고등학생이던 아들 · 딸을 양로원으로 데리고 가서 무의탁 할머니들을 돌보게 하였다. 이 무렵 양로원의 할머니 한 분이 '죽기 전에 생선회를 먹어 봤으면….' 한다는 이야기를 들었다. 중학교

같은 반 친구였던, 횟집사장 영애에게 전하니, 고속버스를 이용하여 싱싱한 오징어 회를 양로원에 보내 주었다. 죽음을 앞둔 불쌍한 할머니와 그 할머니를 돌보는 옛 친구 안젤라를 위해 베푸는 횟집사장의 마음에 감동했다.

얼마 후, 포천의 모현양로원에서 호스피스병동 신축을 위한 성금이 필요하다고 했다. 내가 고향친구들에게 알리니 뜻있는 친구들이 모금에 동참해 주었다. 2005년 신축건물 완공 후 수녀님들의 초대로 호스피스 병동을 방문했다. 수녀님들의 기도와 헌신으로 이룩한 대단한 성과에 절로 고개가 숙여졌다. 그리고 2년 뒤 우리 병원에서 완화의료병동이 개설될 때 관련 의료진들이 포천의 모현호스피스 병동으로 견학을 다녀왔다. 로비의 기부자 명단에 내 이름이 있더라고 전해주었다.

우리 병원의 호스피스 활동은 1991년에 종양내과 허대석 교수님을 중심으로 여러 직종이 자발적으로 참여한 '등불' 모임이 효시라 할 수 있다. 1996년에는 '호스피스 실'이라는 정식 조직이 생기면서 호스피스 전담간호사(단시간 계약직)가 배정되어 병동의 말기암환자를 대상으로 상담업무를 해 왔다.

내과간호과에서 근무하던 2007년에 완화의료병동 개설 준비를 하면서, 중학교 시절 담임이셨던 양계탁 화백님의 그림으로 병동복도와 임종실을 따뜻한 분위기로 만들고자 했다. 특히나 임종실은 집처럼 편안한 분위기를 내려고 했는데 이미 짙은 고동색으로 어둡게 도배가 되어 있었다. 당장 벽지를 교체하는 것은 경제적으로 낭비였지만, 컴컴한 분위기를 그대로 두고 볼 수도 없었다. 처음 만드는 임종실인데 시작부터 따뜻한 느낌이 나게 하자는 나의 호소가 통하여 벽지를 교체하기로 했다.

마침 광화문 근처 어느 이탈리아 음식점에서 보았던 멋있는 벽지가 떠올랐다. 벽지 담당 직원들에게 보여 주고자 그 음식점을 방문하여 식사 대접까지 하였다. 그런데 그 벽지는 방염처리가 안 되어 사용할 수 없는 재질이었다. 실망이었지만 기존의 색보다는 훨씬 더 밝은 톤으로 교체하였다. 내 돈과 시간을 들여 가면서 벽지 색에 왜 그리 공을 들였는지 지금 생각하니 이해가 잘 안 간다. 하여간 그 당시 임종실에 들어갈 그림과 집기의 색상에 무척 신경을 썼다.

간호사가 직업인지라 임종 후 환자를 영안실로 보내는 장면을 수없이 보아 왔지만 수십 년이 지난 지금까지 가슴 저미게 기억되는 사연이 있다. 20년 쯤 전 소아암병동에서 수간호사로 근무하던 때였다. 초등학교 고학년인 듬직한 남자 아이가 항암치료 받느라 입원 중이었는데, 상태가 급격히 나빠질 것이라 예상은 하고 있었다. 어느 날 이른 아침에 아이의 엄마가 간호사실로 조용히 나와서, 아들의 사망사실을 알리며 영안실에 연락해 달라고 하였다. 그 엄마는 이미 새벽에 사망한 아들을 껴안고 몇 시간 동안 한 이불 속에 있었다고 했다. 아들의 사망 사실을 간호사실에 알리면 바로 영안실로 보낼 것이므로, 동이 틀 때까지 누구에게도 말하지 않았던 것이다. 다인용 병실에서 시신이 된 아들을 끌어안고 숨죽여 울었을 그 엄마를 생각하면 지금도 가슴이 미어진다.

임종실은 가족과 마지막 시간을 보내는 곳이란 생각이 내 마음에 크게 자리한 것도 이 사건 때문이 아닐까. 마지막 순간까지 무의미한 치료에 매달리다가 헤어질 마음의 준비도 못 한 채, 사랑하는 이들을 경황없이 떠나보내는 게 현실이다. 일상의 소소한 헤어짐도 아쉬워 다양한 송별회로 이별에 대한 의식(儀式)을 치른다. 하물며 죽음으로 인한 작별은 얼마나 더 안타까운 일인가.

이번 호스피스 · 완화의료에 대한 건강보험수가적용 발표로, 오랜 기간 호스피스제도 도입의 필요성을 알리는 데 앞장서 온 의료인, 종교인들의 노력이 헛되지 않았음을 깨닫게 되었다. 무엇보다 타인의 '품위 있는 죽음'을 위해 일생을 바치고 있는 내 친구 안젤라 수녀의 삶에 무한 경의를 표한다.

(2015.3.25.)

모습은 달라도 마음은 하나

– 국제간호사 학술대회에서 –

스페인 바르셀로나, 1992년 여름부터 지금까지 내 머리에 각인되어 있는 도시 이름이다. 바르셀로나 올림픽에서 황영조 선수가 마라톤 금메달을 땄기 때문이다. 외국에 나가면 저절로 애국자가 된다더니 당시 미국 보스턴의 병원에서 연수 중일 때 그 소식을 들었기에 더 감격하여 기억에 남는 모양이다.

그런 바르셀로나에서 '2017년 국제간호협의회[1](ICN) 학술대회 및 대표자회의'[2]가 열렸다. 세계 130여 개국 8,200여 명의 간호사가 참가해 간호의 최신 흐름과 비전을 공유하면서, 현안 이슈들에 대해 정보를 나누고 열띤 논의를 펼쳤다. 보통 'ICN 학술대회'라고 부르는 이 국제행사는 크고 작은 규모로 2년마다 번갈아 개최된다. 한마디로 세계 간호사의 축제이며 개최국을 홍보하는 기회도 된다. 각 나라 정부

---

1 국제간호협의회(ICN: International Council of Nurses): 전 세계 간호사들을 대표하는 비정부기구. 국제간호협의회 학술대회 및 대표자 회의(ICN Congress and CNR*).
*CNR: Council of National Nursing Association Representatives.

2 ICN Congress and CNR 2017: 스페인 바르셀로나 국제컨벤션센터에서 열렸으며 학술대회에서 기조강연(4개), 메인 세션(9개), 컨커런트 세션(70개), 심포지엄(18개), 네트워크 미팅(5개), 포스터 발표(1900여 편), 정책카페, 전시회 등이 진행되었다.

에서 대회를 유치하도록 적극적으로 지원하는 걸 보면 국가적으로도 도움이 되는 일임이 분명하다.

우리나라에서는 88올림픽이 열린 이듬해인 1989년에 ICN 학술대회를 개최했는데 올림픽만큼이나 국가인지도 향상에 기여했다고 본다. 남아공에서는 '2010 월드컵'이 열리기 바로 전 해인 2009년에 ICN 학술대회를 열며 자기 나라의 월드컵 개최를 홍보하기도 했다. 가히 '간호 올림픽'이라 부를 만하다.

학술대회 첫날 오후에 개막식 행사가 열린다. 학술대회 장소는 국제컨벤션센터이고, 개막식은 바르셀로나 올림픽 주경기장 앞의 실내 체육관(Palau Sant Jordi)에서 열렸다. 몬주익(Montjuïc) 언덕길을 지나며, 그곳에서 황영조 선수가 뛰었다는 생각에 뭉클함과 동시에 자랑스러움이 느껴졌다.

언제나 그렇듯 행사의 하이라이트는 개막식이다. 각국 대표단은 자기 나라를 상징하는 복장으로 국가명 팻말과 국기를 들고 올림픽 개막식의 선수단처럼 입장한다. 나라 이름 호명과 동시에 대표단 입장이 대형 전광판에 비춰지면, 그 나라의 간호사들은 일제히 관중석에서 일어나 환호를 보낸다.

각국 참가자들은 전통복장을 입기도 하고 단체로 티셔츠에 글씨를 새겨서 입기도 한다. 아프리카 나라들의 전통복장은 비슷한 듯 다른데 모두 강렬한 색상이다. 남아공 학술대회 때는 인접국에서 많이 참석하여 아프리카 국가별 패션쇼를 방불케 했다. 당시 덴마크 간호사들은 빨간색 티셔츠 앞면에 흰색 글씨로 '간호사임이 자랑스럽다(Proud to be a nurse)'라는 문구를 디자인한 티셔츠를 입었는데 보기만 해도 자부심이 느껴졌다.

우리나라 참가자들의 한복은 개막식에서 매번 인기를 끈다. 외국인들이 "뷰티풀 코리아!"를 연발하며 함께 사진을 찍자고 요청한다. 한복은 부피가 커서 짐을 쌀 땐 갈등을 느끼지만 묘한 애국심이 발동하여 끙끙대며 짐 가방에 넣게 된다. 한복의 아름다움을 알리는 데 일조한다는 알량한 애국심으로 내 한복 중 가장 화려한 겨울용 한복을 가져갔다가 경기장의 찜통더위를 견디느라 무척 고생했다.

특히나 개막식 행사에서는 우리나라 간호계 원로이신 김모임 전 ICN 회장의 기부금으로 제정된, '김모임 간호혁신 및 정책영향력상'의 첫 시상식이 이루어져 한국인으로서 뿌듯했다.

학술대회에서는 간호교육 · 연구 · 실무분야에서 간호사들의 경험과 정보를 교류할 수 있는 다양한 프로그램이 마련된다. '2017년 ICN 학술대회'의 주제는 '간호사, 변혁적 돌봄의 선두에 서다(Nurses at the forefront transforming care)'였고, 기조강연을 한 린다 에이켄[3]은 간호사 1명이 담당하는 환자 수가 적을수록, 학사학위 간호사의 비율이 높을수록 수술환자의 사망률이 감소한다는 연구결과를 소개하며 간호사의 '안전한 인력배치(Safe staffing)[4]'를 강조하였다. 숙련된

3 린다 에이켄(Linda Aiken): 미국 펜실베이니아대 간호대학 교수로 환자 대 간호사 적정비율, 간호사 근무환경 등의 연구분야 권위자이다. 연구결과 병원에서 간호사가 담당하는 환자가 1명 더 늘어날 때 수술환자의 사망 위험이 7% 증가했고, 학사학위 간호사의 비율이 10% 늘어나면 수술환자의 사망 위험이 7% 감소하는 것으로 밝혀졌다(간호신문. 2017.6.8.).

4 안전한 인력배치(safe staffing): 간호사들의 업무량, 숙련도, 환자 중증도 등을 고려해 적정인력을 배치하는 것을 말한다.

간호사들이 지속적으로 근무할 수 있는 환경을 만드는 데 주력해야 한다는 목소리가 높은 걸 보니 우리나라뿐 아니라 세계적인 이슈임을 알 수 있었다.

포스터로 발표하는 논문은 전시할 시간과 부착할 위치를 배정 받는다. 내가 발표하는 논문 포스터의 맞은편 왼쪽에 선 발표자를 어디서 본 듯한데 생각이 나지 않아 한참 머리를 굴렸다. 물어보니 일본에서 왔다고. 세상에나! 서울대병원과 양해각서를 체결한 나고야대학병원의 간호관리자로 몇 번의 화상회의에서 본 적이 있었다. 일평균 400여 편의 논문 포스터가 5일 내내 교체되는데 같은 날 마주보는 위치에 배정받은 것이 대단한 인연이라 생각되었다. 우리는 서로 "The world is small!(세상 참 좁다)"을 연발하며 반가워했다.

내 포스터와 바로 마주보는 위치에 선 발표자는 케냐의 간호대학 소속이었다. 영아/모성사망률을 줄이기 위해 집이 아닌 병원환경에서 분만해야 한다는 연구결론을 방문자들에게 열정적으로 설명하는 걸 보니 그 나라 의료현실에 대한 비참함과 아프리카 간호인의 노력에 대한 감동이 느껴졌다. 내 바로 옆의 미국인 간호사는 르완다에서 수행한 '문화 · 사회적 맥락에 따른 리더십프로그램개발' 연구를 아주 논리적으로 설명했다.

숙소 룸메이트는 여행사에서 배정해 주었다. 첫날, 방에 들어가 소개하는데 국공립병원의 간호부장이고 여고 2년 후배였다. 대단한 인연이었다. 논문 포스터를 붙일 때도 적극적으로 도와주었고, 오래전부터 알아 온 사이처럼 귀국할 때까지 각별하게 지냈다.

1989년에 서울에서 ICN 학술대회가 열렸을 때 병원에서 단체로 참석했다. 간호계의 커다란 국제행사라 저녁 9시 TV 뉴스에 소개되었는데, 초록색 원피스를 입고 강의 듣는 내 모습이 화면에 비춰졌다. 다음 날 아파트 상가에서 만난 건물보수 센터의 총각이 "아줌마, 어제 텔레비전에 나오던데 직업이 뭐예요?"라고 해서 한바탕 웃었던 기억이 난다.

뭣 모르고 참석했던 '1989년 서울 학술대회'부터
병원간호사로 마지막 참석이 된
'2017년 바르셀로나 학술대회'까지 ICN 학술대회와
나의 특별한 인연으로 많은 경험을 했다.
그 중에서 으뜸은, 자국민과 저개발국민의 건강을 위해
애쓰는 간호사의 헌신과 자부심 그리고 애국심을 본 것
이다. 국가와 모습은 달라도….
(2017.6.25.)

간호인력, 희망을 걸어 본다

짐 정리하다 색 바랜 신문을 발견했다. 22년 전에 내가 한 말이 적혀 있었다. "(중략)간호사들이 늘 과중한 업무로 제때 식사도 못 하면서 뛰어다니는데 이들의 업무에 대한 평가가 제대로 이뤄지지 않는 지금의 현실이 가슴 아프다. 적정수의 간호인력을 병동에 배치하는 것이 무엇보다 시급하다. 그것이 바로 환자를 위하는 길이다(하략)." 1996년에 대한간호학술상 본상을 받고 원내 신문의 '이달의 직원' 칸에 실린 인터뷰 기사였다. 요즘 유행하는 신조어가 떠올랐다. 웃프다[1]. 세상을 향해 하고 싶은 말 중 우선순위에 있던 게 이 내용이었다니!

1992년부터 어린이병원에서 병동수간호사로 근무했다. 어린이 간호엔 인력이 더 필요하다고 많은 문헌에도 나와 있다. '거지에게 먹여

1 웃프다: '웃기면서 슬프다'는 뜻으로, 표면적으로는 웃기지만 실제로 처한 상황이나 처지가 좋지 못하여 슬프다. 2012년 신어 자료집에 수록된 어휘. 표준어는 아님. 다음 한국어.

주고 입혀 줄 테니 아이를 봐 달라 했는데 얼마 후 아이 내려놓고 동냥자루 다시 들었다.'라는 말이 있다. 그만큼 어린 아이 보기가 힘들다는 말인데 아픈 아이는 오죽할까.

어린이병원에서 과중한 업무량으로 간호사들이 병원을 떠나는 것을 보고 1994년에 '임상간호사의 이직의도 및 이직에 관한 연구'[2]라는 제목으로 논문을 썼다. 처음 쓴 논문이었다. 어린이병동 간호사의 이직률이 높다는 걸 나타내고 싶었으나 원하는 결과가 나오지 않았다. 당시 여기저기 대형병원의 설립으로 간호사 전직이 많은 시기였는데 이 요인이 결과에 작용했는지 모르겠다.

1993년에 어린이병동 중에서도 중증도가 가장 높은 소아(내)과 병동으로 전보되었다. 이듬해 그 병동이 우리나라 최초의 소아혈액종양병동으로 문을 열었다. 혈액종양병동은 환자 중증도가 높아서 일반병동보다 의료인력이 더 필요할 뿐 아니라 소아라는 특성도 있는데 간호사 1명만 추가 배정된 상태에서 업무를 시작했다. 전쟁이 따로 없었다. 하루하루가 전쟁이었다. 아무리 집행부에 사정해도 인력에 대해선 어느 누구도 해결을 못 한다고 했다. '간호사 인력이 보충되어야 한다.'라고 보호자 민원이 나올 정도로 심각했다.

그렇게 정신없이 바쁜 중에도 인력요청의 근거를 마련하려고 간호사 업무량을 측정하는 조사 연구[3]를 했다. 하루 24시간 동안 이루어지는 간호사의 활동에 대해 2주간 시간측정(time study)을 했다. 조사해 보나마나 인력이 부족한 건 뻔한 일이었지만 연구결과를 내놓아도 허

2 김영미(1995). 임상간호사의 이직의도 및 이직에 관한 연구. 간호학 논문집, Vol.9(1).

3 김영미(1999). 일개 대학병원의 소아혈액종양 간호단위의 간호업무량 측정. 간호행정학회지, Vol.5(3).

공의 메아리였다.

최근 간호사 인력에 대한 뉴스가 자주 오르면서 '간호사 근무 스케줄이 빡빡해 남의 아이 보느라 정작 내 아이 아픈 걸 돌보지 못한다.'는 글을 어디선가 봤다. 20년 전 내 이야기였다.

내과병동 수간호사였을 때다. 책임간호사가 병가 받은 날, 병동엔 중환자가 많아 간호사들이 이리저리 뛰어다녔다. 대타를 불러낼 여유 인력이 있는 것도 아니고 그럴 수 있는 분위기도 아니었다. 우리 아이가 복통으로 어린이병원 응급실에 왔는데 난장판인 병동을 비우고 도저히 내려갈 수가 없었다. 가족들이 아이를 데리고 와 진료 받고 돌아갔는데 제때 진단을 못 내려 문제가 생겼다. '직원인 내가 가서 적극적으로 나섰더라면….' 하는 생각에 무척 속이 상했다. 수간호사조차 잠시 병동을 떠날 수 없을 정도니 당시 병동의 인력 상황이 얼마나 열악했는지를 알 수 있다.

1999년도까지는 비용절감이란 말만 나오면 병원에서 '인원이 가장 많은 간호부서에서 몇 명을 빼라.'는 안이 나오곤 했다. 가슴이 답답했다. 입원료에 속하는 간호관리료를 간호인력 확보수준에 따라 차등 지급하는 '입원환자 간호관리료 차등제'가 1999년 11월부터 시행된 후 '간호사부터 줄이라.'는 말은 할 수 없게 됐다. 그나마 천만다행이다.

우리나라 직업여성에 대한 역사연구[4]에서,

> '(중략) 일제강점기에 전문직종 중에서도 여성이라는 편견과 차별을 가장 많이 겪은 직종이 간호부였다. 1921년에 총독부 의원 간호부 1백여 명이 불평등한 대우를 이유로 동맹휴업을 하였고,(중략) 파업을 통해 그들의 권리를 주장했다.'

라는 대목에서 가슴이 서늘해 왔다. 파업을 해야만 인력을 보충해 주던 시절이 떠올랐다. 서울대병원 전신인 총독부 의원의 간호부 파업이라는 100년 전 역사에 또 웃프다.

미국 시사주간지, 유에스뉴스 앤드 월드리포트(The U.S.News & WORLD REPORT)에서는 매해 미국 병원의 순위(ranking)를 발표한다. 평가항목에는 전문가들의 평판, 사망률, 환자안전 등과 함께 간호사 대 환자의 비율(nurse staffing)도 포함한다. 2017년 국제간호사 학술대회의의 주제 강연에서도 간호사의 '안전한 인력배치(Safe staffing)'를 강조하며 숙련된 간호사들이 지속적으로 근무할 수 있는 환경을 만드는 데 주력해야 한다고 했다. 우리나라뿐 아니라 세계적인 이슈이다.

그동안 정권이 여러 번 바뀌어도 간호사 인력 문제를 적극적으로 다루는 사회분위기는 아니었다. 이번엔 정권이 바뀌자 언론에서 비중 있게 다루는 듯하다. 간호인력수급대책이 이슈로 떠오르면서 '근로환경과 처우 개선'에 중점을 둔다는 제목의 뉴스가 매일 쏟아지고 있다.

---

4 우지현(2008). 1920~30년대 여성의 직업 진출과 사회적 갈등. 석사학위논문, 명지대학교 역사교육전공.

기사에서 본 내용이다.

> "(중략) 우리나라는 빠른 경제 성장을 위해 노동자들의 희생을 강요해 왔던 것이 사실이고, 최근 안정된 경제 기반 속에서도 그 같은 관행은 쉽게 고쳐지지 않고 있다. 간호인력 문제도 같은 맥락이다.
> 정부는 종전 후 부족한 보건의료 인프라를 구축하기 위해 민간 병원들에게 공공병원의 역할을 부과해 저수가 체계를 '참아줄 것'을 강요해 왔다. 이에 병원 역시 가장 큰 인력비중을 차지하는 간호사들에게 우리나라 '의료 발전'을 위해 희생할 것을 강요해 온 것이다.[5](하략)"

인력문제는 간호사에게 희생을 강요할 사안이 아니다. 간호인력배치(staffing)는 곧 환자안전(patient safety)과 직결되기 때문이다. 적정 인원을 보장하는 간호사 배치기준을 법으로 만들어 지키도록 하는 일이 급선무이다.

---

5 메디파나뉴스, 조운 기자. [수첩] 간호인력 종합대책··"결국, 사람이 먼저다" 2017.11.13.

22년 전에 했던 말을 지금 그대로 반복하고 있으니 슬프다. 그러나 안전을 중요하게 여기는 사회로 발전하고 있으니 간호인력 문제도 해결될 것으로 이번엔 희망을 걸어 본다.

(2017. 12.)

병원계 화제의 인물

백의의 천사 수필가 김영미

'내 고향 강원도 소개' 계기로 2015년 등단
"마음이 따뜻해지는 글… 직원 정서에 도움 돼 보람"

병원 간호사로 근무하며 수필가로도 활발한 활동을 하고 있는 백의의 천사 수필가가 있어서 화제다. 그 주인공은 바로 서울대학교병원 간호부에 근무하고 있는 김영미 과장. 그를 만나 글을 쓰게 된 동기와 간호사와 수필가로서의 삶에 대해 들어 보는 기회를 가졌다.

– 언제부터, 왜 에세이 쓰기를 시작했는지?

전공과 업무 외에 글을 따로 쓴다는 건 상상도 해 보지 않았다. 백일장에 나간 적도 없다. 병원에서 주로 보고서, 경위서, 추천서 등을 쓴 게 글쓰기 전부이다. 몇 해 전에 토정비결을 보러 간 철학관에서 나더러 책을 쓰면 인기작가가 될 것이라고 해서 잠잘 시간도 부족한데 언제 글을 쓰냐고 일축해 버렸던 기억이 난다.

강원일보(2013.1.9.)에 '숨은 동해시 홍보대사'로 나에 대한 기사가 실린 것이 최초의 계기라고 할 수 있다. 그 기사로 인해 서울대학교병원 함춘사보(2013.3.14.)에 '내 고향 강원도를 소개합니다'라는 제목의 인터뷰기사가 실리게 되었다.

함춘사보의 인터뷰기사가 고향 친구들에게 전달되자, 정선군 임계면이 나의 외가라는 것을 알게 된 정선군 공보계에서 임계의 추억담에 대한 원고를 부탁해 왔다. 당시엔 정말 글을 쓸 시간도 없었고 떠오르는 것도 없었다. 일면식도 없는 공보계장님께 거절을 못 해서 미루고 미루다 설 연휴를 이용하여 종일 집중하여 글을 썼다.

정선군보(아라리 사람들, 2014.4.1.)에 '내 고향 강원도, 정선 · 임계의 추억'이 신문 한 페이지에 전면으로 실리자 인기가 폭발적이었다. 전화, 팬레터도 있었고 방문하는 이들도 있었다. 많은 이들이 칭찬을 아끼지 않았다. 그리고 이미 수필가로 등단하신 고등학교, 대학교 선배님들이 우연히 그 글을 보시고 당신들이 등단한 문예지에 각자 추천하겠다며 독려하셨는데 결국 [창작수필]로 등단(2015봄호)하게 되었다.

– 주로 쓰는 주제는 무엇인지?

고등학교 졸업할 때까지 나고 자란 정선군 임계, 동해(구 묵호), 강릉과 관련된 고향이야기와 병원이야기이다.

– 일과 병행하기 어렵지 않은지?

글은 조용한 시간에 몰입해야 하므로 늦은 밤이나 휴일에 쓴다. 집안일에 시간을 못 내는 게 문제인데 남편의 외조가 큰 힘이다. 등단하기 전까지는 간호학 논문을 주로 썼는데 이제는 수필 쓰는 게 더 재미있다.

– 앞으로의 계획은?

글이 모이면 책으로 엮어야.

– 후배 간호사들에게 하고 싶은 말은?

내 글을 읽고 감동을 받는다는 이야기가 들려오니 무척 감사하다.

간호사 후배들이 지금은 바빠서 엄두를 못 내겠지만, 병원 현장의 이야기는 너무나 소중한 자료이므로 일기를 써 두면 좋겠다. 한 줄 요약이라도 남겨 두면 나중에 시간 여유가 생길 때 독보적인 주제의 글을 쓸 수가 있을 것이다.

– 대표적인 글은?

등단한 지 1년 반밖에 안 되었고 글이 몇 편 안 되어 대표작이라고 할 것도 없다. 등단작은 〈큰 송방댁〉이다.

고향에 대한 글은 서정적이지만 병원과 관련되고, 병원이야기는 쓰다 보니 역사 기록이 되는 것 같다. 〈그림이 되고 시가 되는 내 고향〉은 서울시간호사회 저널에 이미 실렸고, 〈태평양을 건너 온 환자 이동판〉도 서울시간호사회 저널에 실릴 예정이다.

–이 외에 추가적으로 하고 싶은 말은?

…(중략)…

병원신문 제2516호 인터뷰 기사 2016.8.29.(월)

2부

그 새벽의 고수레

그 새벽의 고수레

창경궁 홍화문 맞은편에 아담한 건물이 있다. 5년 전 개원한 서울대학교암병원이다. 올해는 학술심포지엄, 음악회, 도서발행 등 열리는 행사마다 '5주년 기념'이란 수식어가 붙었다. 개원기념일에 열린 학술심포지엄에서 좌장을 맡은 나는, 후배들의 발표와 청중의 열띤 반응을 보며, 암환자 간호와 전문직 발전을 위해 노력하는 모습에 감동하여 종일 기분이 들떠 있었다.

학술행사가 끝난 후 저녁에는 내외 귀빈을 모시고 조촐한 만찬이 열렸다. 병원장님을 선두로 전 · 현직 암병원장님의 건배사에 이어 내게 소감을 말하라는 요청이 들어왔다. 순간, 개원준비단으로 발령 받던 때가 떠올라 그동안 아무에게도 털어놓지 않은 비밀 이야기를 하였다.

2010년 늦가을, 창경궁 쪽 철탑주차장이 있던 자리에 암병원 신축 공사가 진행 중이었다. 이미 파인 땅에 철골이 보이는 콘크리트 구조물이 들어서고 있었다. 암병원 개원을 몇 달 앞두고 갑자기 준비단 지원팀장이라는 직함으로 겸직 발령을 받았다. 개원할 때까지 간호뿐 아니라 약제, 영양, 영상, 검사 등 여러 부서에서 파견된 준비단원의 대표역할이었다.

전혀 예상하지 못한 인사발령에 당황하고 있는 내게 한 직원이, 건물을 짓기 위해 땅을 팔 때는 앞으로 이곳에서 탈이 안 나도록 땅에 막걸리를 갖다 부어야 한다고 진지하게 말했다. 내가 공사와 직접적인 관련은 없어도 지원팀장을 맡은 입장에서 공사 단계부터 좋은 게 좋다는 것이다.

걱정이 많고 머리가 복잡한 와중에 귀가 솔깃했다. 우선 막걸리를 어디서 파는지 물어보았다. 늦은 퇴근길에 집 근처 편의점에 들러 조용히 막걸리 한 병을 사서 검은색 비닐봉지에 넣어 집으로 가져갔다. 식구들한테 들킬까 봐 봉지에 싼 막걸리를 아파트 문 밖에 몰래 두고 집에 들어갔다. 비웃음 당할 게 뻔했기 때문이었다. 그다음엔 언제 어떻게 갖다 붓느냐가 관건이었다. 혼자서는 도저히 용기가 나지 않아 내게 권한 그 직원더러 같이 하자고 했다. 누가 볼까 봐 사람들이 출근하기 전 컴컴한 새벽 6시에 신축 중인 건물 앞에서 만났다. 그 직원이 일러주는 대로 공사장 땅을 향해 막걸리를 급히 쏟아붓고 본관 건물을 향해 도망치듯 뛰어갔다. 스릴 넘치는 의식(儀式)이었다. 조직의 안녕을 위한.

눈빛을 반짝이며 내 이야기에 귀 기울이던 청중들은 우스꽝스러워하면서 한편으론 가슴 뭉클한 표정을 지었다. 원장님은 "막걸리 값은 공금 처리해야 하는 것 아니냐?"라고 해서 모두 웃음을 터뜨렸다. "그런 기원(祈願)이 있었기에 그동안 무탈하고 이렇게 발전한 거 아니냐?"며 격려해 주는 분들도 계셨다.

당시 병원 인증평가를 앞두고 기존의 간호과 업무를 하면서 준비단 일을 겸하는 동안에는 하루가 24시간인 게 안타까웠다. 이때 건강에 문제가 생겼으나 약물치료를 받아 가며 개원 준비에 몰입했다. 스트레스가 원인이라고 했다.

준비단 사무실은 캠퍼스 내 의생명연구원 지하 창고의 일부를 가구로 막아 사용했다. 먼지는 물론이고 난방이 제대로 안 되어 겨울엔 두꺼운 옷을 끼어 입었다. 건축도면을 들고 공사현장을 방문할 땐 안전모와 마스크를 착용했으며 잠시 들어갔다 나와도 까만 먼지를 뒤집어썼다. 어쩌다 안전모 쓴 사진을 보게 되면 미소가 지어진다.

개원을 앞두고 실시한 준비단 워크숍에서, 업무계획에 대한 성과를 어떻게 나타낼 것이냐는 질문에 나는 바로 '외부고객만족도'의 점수로 보여 주겠다고 답변했다. 아니나 다를까 개원하던 해에는 병원 전체 부서평가에서 암병원 간호팀이 '외부고객만족도 최우수부서'로 뽑혀 연말에 수상했다.

지위고하를 막론하고 개원준비단 멤버들의 병원에 대한 애정은 확실히 남달랐다. 누가 시키지 않았음에도 내 집처럼 걸레로 닦아 가며 개원 예정일 3월 25일을 카운트 다운했다. 누군가의 제안으로 사무실 출입문 비밀번호를 개원일인 0325로 사용했다. 그 번호가 너무 알려

지는 바람에 백일이 되는 날 새로운 번호로 바꿨다.

개원준비단 시절부터 해마다 1월 1일이면 암병원 보직자들은 초대 암병원장 댁에 모여 진심 어린 정을 나누었다. 준비단으로 함께했던 전우애라고나 할까? 타 부서 직원들과도 관계가 아주 좋아 업무협조가 잘되었다.

개원 1년 뒤 부서 직제가 바뀔 때 '간호팀'의 이름을 변경했다. 기존의 다른 간호과 이름 앞에 내과, 외과, 소아, 수술, 외래 등이 붙은 것을 참고해서 '암간호과'로 작명했다. 병원집행부 회의에서 이미 다른 이름으로 통과됐다는 소식을 듣고 수정안으로 바꿔 달라고 급하게 사정해서 직제규정에 올라가게 되었다. 이름이란 한번 지으면 이래저래 바꾸기 어렵기에 처음부터 확실하게 정해야 한다고 생각했다. 아마도 세상에서 유일한 간호과 이름일 것이다. 처음에는 듣고 부르기 어색했지만 지금은 무척 익숙하다. 자꾸 불러 주면 자연스러워질 것이라고 생각했다. '(중략) 걸어가는 사람이 많아지면 그게 곧 길이 되는 것이다.'[1]라는 소설 속 문구가 내 맘에 힘을 실어 줬다.

처음 방문한 암환자를 위한 원스톱 진료시스템, 진단 · 시술 · 치료를 위한 입원기간 최소화 등의 노력에 대한 경영성과로 2012년에는 연간운영성과 발표회에서 우수부서로 선정되어 간호부문에서 유일하게 암간호과가 표창을 받았다. 또한 그해 우리 과는 '전 직원이 혼연일체가 되어 병원 발전에 크게 공헌하였다.'고 암병원에서 공로상도 받았다. 그러고 보니 참 많은 칭찬과 격려를 받았다. 함께한 모든 분 덕분이다.

---

1 루쉰(魯迅)의 단편 소설 '고향故鄕'에 나오는 마지막 문장. '… 본래 땅 위에는 길이 없었다. 걸어가는 사람이 많아지면 그게 곧 길이 되는 것이다.'

기증 받은 그랜드피아노가 3층 로비에서 놀고 있는 게 아까워 시도한, 시댁 조카의 피아노 연주를 계기로 '암병원 음악풍경'이라는 음악회가 탄생했으며, 많은 연주자의 재능기부가 이어져 성황을 이루고 있다.

창경궁이 내려다보이는 암병원 6층 정원은, 규모는 작지만 계절 따라 갖가지 꽃이 피어 환자와 직원의 정서에 도움을 준다. 국내외 귀빈이 병원을 방문하면 필수 안내 코스가 된다. 이곳에서 가장 키가 큰 배롱나무에 그동안 꽃이 피지 않더니 올해는 세 그루 모두 진분홍 꽃이 만개했다. 암병원 개원 5주년에 암치료 생존 5년의 의미를 담은 선물인 듯했다.

갖가지 자랑 뒤에 감춰 둔, 5년 전의 비사(秘事)에

이제는 당당하게 의미를 부여한다.

기복(祈福), 모두의 안녕을 위해 복을 빈 것이다.

(2016.12.25.)

암병원 음악풍경

– 기부의 멜로디는 희망을 싣고 –

산수화를 바라보며 아름다운 음악을 듣는 일은 상상만 해도 즐겁다. 통유리 밖 작은 정원, 길 건너 창경궁, 저 멀리 인왕산이 어우러져 계절 따라 한국화 병풍을 연상케 한다. 로비 한쪽에서 그랜드피아노가 연주되면 외래환자 대기실은 음악 감상실로 변한다. 서울대학교암병원 3층 로비의 점심시간 풍경이다.

2011년 3월 25일에 서울대학교암병원이 개원했다. 개원식 행사에서 피아니스트 서혜경 교수가 "서울대학교병원 덕분에 유방암을 극복하고 피아노를 다시 칠 수 있게 되었다."는 감사의 말과 함께 화려한 피아노 연주로 개원식 행사를 빛내 주었다. 행사에 사용된 그랜드피아노는, 병원 근처 '고궁의 아침'(구 대학식당)이라는 40년 전통의 음식점 사장님께서 암병원 개원기념으로 선물하신 기증품이다. 기증품목을 선정할 때 서혜경 교수의 추천이 있었다고 나중에 들었다.

그런데 개원기념행사가 끝난 후에는 그랜드피아노가 암병원 로비에서 침묵만 지키고 있는 게 아닌가. 그 모습이 안타까워 피아노를 전공한 시댁 조카에게 연주 의사를 물으니 흔쾌히 수락했다. 어느 수요일 점심시간에 클래식, 가요, 영화음악 등 아름답고 잔잔한 멜로디가 무겁게 가라앉은 공기를 조심스레 흔들었다.

그 멜로디가 음악에 조예가 깊은 초대 암병원장님에게까지 이르게 되었다. 원장님의 격려와 지원으로 음악회는 공식적인 행사가 되었다. 피아노와 가장 가까운 곳에 있는 암정보교육센터에서 음악회 행사를 맡기로 하고, 원내 게시판에 홍보물을 예쁘게 만들어 올렸다. 2011년 4월 20일! '수요일에 보내는 정(情)'이라는 가칭으로 제1회 암병원 음악회를 열었다. 100명이 넘는 관객이 모였다. 호기심으로 모여든 환자, 보호자, 직원은 곡에 대한 설명을 곁들인 피아니스트 김정현의 연주를 감상하며 행복해했다.

피아노를 기증해 주신 '고궁의 아침' 사장님께 이 모습을 보여 드리고 싶었다. 제2회 음악회에 사장님을 초대하여 김정현의 피아노 연주를 함께 감상하였다. 마침 어버이날 주간이라 특별히 선곡했다는 'Mother of mine'이 연주되자 여기저기에서 눈물을 훔치며 분위기가 숙연해졌다. 음악회가 끝난 후 사장님을 모시고 연주자와 직원들이 기념사진을 찍어 작은 액자에 넣어 드렸다. 상황을 모르는 한 직원이 음식점 카운터 위에 놓인 사진을 보았다며, 왜 거기에 우리 가족사진이 있냐고 물어서 웃음이 나왔다. 손녀의 연주를 보러 오신 시어머님도 사진 속에 계셨기 때문이다. 얼마 후 그 음식점에 갔더니 카운터 뒤 정면으로 보이는 벽에 커다란 액자가 가족사진처럼 걸려 있었다. 조그만 사진을 몇 십만 원 들여 사진관에서 확대했노라고 하셨다. 무척 흐뭇하셨던 모양이다. 점심시간이라 바빠서 도저히 못 나온다며 손사래를 치시더니 2주년 기념음악회에도 참석하셨다.

'암병원 음악풍경'은 그해 7월에 음악회 명칭 공모에서 뽑힌 이름이다. 당시 유방/갑상선센터 개원멤버였던 이지애 수간호사의 응모작이다. 하늘색 테두리의 오천 원짜리 우산을 상품으로 받고 기뻐하는 모습이 참 예뻐 보였다.

'암병원 음악풍경' 소식이 알려지자 재능기부를 하겠다고 신청하는 음악가들이 많아져 차례를 기다려야 할 정도가 되었다. 악기나 장르도 다양해졌다. 무거워서 운반도 쉽지 않은 하프를 동시에 두 대씩이나 선을 보이기도 했고, 이름도 처음 들어보는 크로스-스트링 하프를 아시아 유일의 크로스-스트링 하피스트(김홍곤)가 연주하는 것도 감상할 수 있었다. 클래식 기타리스트(김우재)를 통해 서울음대에 클래식 기타 전공이 있다는 것도 알게 되었고, 바순(김희성), 오보에 등의 연주도 바로 앞에서 여러 번 감상하게 되었다.

성악가들의 노래를 들을 땐 많은 청중들이 눈물을 흘렸다. 어느 심리학 서적에서 읽은 '울음은 감정의 찌꺼기를 해소하고, 슬픔을 머금고 있는 영혼을 정화시켜 준다.'는 문장이 떠올랐다. 사람이 악기라 그런지 성악은 뭔가 더 강하게 호소하는 힘이 있는 모양이다. 소프라노 이지연, 김수정 등 유명한 성악가들의 출연으로 뉴욕 메트로폴리탄의 무대인가 착각할 때도 있었다. 바리톤 김대연 등 남성 성악가들의 공연에선 여성관객들이 더 환호하기도 했다.

연주자들의 참여 동기도 다양했다. 본인이나 가족의 치료에 대해 보답하고자 하는 이들도 있었고, 직원가족이나 환우회봉사자로 참여하려는 이들도 있었다. 피아니스트 신윤석 씨는 어릴 때 어린이병원에서 치료를 받은 인연으로 귀국할 때마다 연주를 해 주었다. 간호사, 교수, 전공의 등 직원들도 가진 재능을 기부하였다. 이비인후과 김광현 교수님은 음악회 관람 중에 즉석 요청을 받고 흔쾌히 '비목'과 '오, 대니 보이!'를 불러 뜨거운 박수를 받았다. 관객과 함께 '바위섬'을 불러 마지막 분위기를 고조시켰다. 이후 단골 출연자가 되었으며 이비인후과 환자들과 의국직원들까지 참석하여 음악회의 열기가 달아올랐다.

2012년부터는 테마가 있는 음악회로 진행되었다. 개원 이듬해에 '암환우를 위한 정원음악회-행복한 울림'이란 제목으로 창경궁이 내려다보이는 옥상의 '행복정원'에 피아노를 옮겨와 야외음악회를 하였다. 마치 서양영화의 한 장면을 보는 것 같았고 연주자와 관객 모두 황홀해하였다. 두 번째 야외음악회인 트롬본 4중주단의 연주에서는 트롬본 소리와 함께 스트레스를 날려 보내는 느낌이라고들 했다.

피아니스트 서혜경 교수의 '암 극복 5주년 기념음악회'에서, '팔을 사용하는 피아니스트에게는 아주 치명적인 유방암 수술을 받고도 좌절하지 않고, 항암 · 방사선 치료를 견뎌내어 이렇게 다시 연주활동을 하게 되었다.'며 치료해 준 분들께는 감사의 의미로, 환우분들께는 경험자로서 희망을 선사하고자 했다. 암병원에서 자원봉사를 하는 유방암환자들의 자조모임인 비너스회원들은 후배환자들을 위한 합창공연을 하였다. 서로 의지하고 아껴 주는 모습이 훈훈하게 느껴졌다.

'해설과 함께 듣는 베토벤 음악'에서는 피아니스트 박지원 교수가 베토벤 3대 피아노 소나타(비창, 월광, 열정)를 연주하는 사이에 베토벤 전문가인 소아정신과 조수철 교수님이 곡에 대한 해설을 하였다. '고난을 헤치고 환희로'가 베토벤의 모토였다는 것을 강조하며 환자들에게 용기를 잃지 말 것을 당부하였다. 왠지 격조가 있어 보였다.

명절 즈음에는 '국악을 국민 속으로'라는 슬로건으로 국립국악원 단원들이 출연하여 합주, 독주, 판소리, 시조, 무용 등 국악연주를 했다. 두 번의 신년음악회에서 정악[1]기악곡인 세악합주[2] '천년만세'를 연주하였는데 '천년만세'는 수명이 천년만년 이어지기를 바라는 의미라고 하니 환자의 쾌유를 기원한다는 뜻도 있겠다. 창경궁을 바라보며 정악을 듣노라니 타임머신을 타고 조선시대 궁궐 속에 가있는 듯했다.

어느 연주자는, 대장암을 극복한 이해인 수녀의 시를 연주 사이에 낭독하며 음악과 시로 환자들을 위로하였다. 연도별 개원기념음악회, 신년 · 송년음악회를 제외하고는 연주자들이 연주곡에 어울리게 제목을 붙여 준다. '희망을 노래하다, 봄빛을 닮은 선율, 뜨거운 여름을 반기며, 가을–시를 노래하다–가을의 칸타빌레, 꿈꾸는 오늘–소망의 마음으로, Journey to Russia–러시아 3대 피아노협주곡과 함께, 달콤하고 화려한 피아노 선율의 유럽풍경, 관악기가 들려주는 바람의 멜로디, 음악을 통한 마음의 치유, 행복한 동행', 이렇게 제목만 읽어도 시를 읽는 감동이 느껴진다.

수액을 맞으며 휠체어에 앉아 있는 환자, 앉아 있을 기운도 없어 의자에 누워 있는 환자, 진료를 기다리며 마음이 무거운 외래환자와

---

1 정악(正樂): 궁정이나 관아 및 풍류방(각 지방의 풍류객들이 모여서 음악을 즐기던 장소)에서 연주하던 음악으로, 우아하고 바른 음악.

2 세악합주: 소규모의 악기가 편성되는 실내악.

보호자, 그리고 연주자, 이들을 굳이 분류한다면 음악으로 위로를 받는 자와 음악으로 위로를 주는 자가 되려나? 이들 모두가 행복한 순간이 되는 '암병원 음악풍경'이다.

지난 3월에는 제66회 암병원 개원4주년 기념음악회가 열렸다. 그동안 음악회에 참여한 인원을 집계해 보니 연주자는 432명, 관람객은 14,489명으로 1회당 평균 220명이 참석했으며 많을 때는 400명이 넘었다. 수차례 기사화되기도 했다. 기증 받은 피아노가 놀고 있는 게 아까워 시도해 본 것이 이렇게 훌륭한 음악회로 발전하다니! 최근 인기리에 종영된 TV 드라마에 고령의 장수프로그램 사회자가 카메오로 출연하여 한 말이 떠오른다. "처음부터 오래갈 줄 모르고…. 안 되면 접지 뭐…. 이러고 해 본 게 장수프로가 많다."라고.

바쁜 수술 스케줄에도 불구하고 매번 음악회에
참석해서 연주자와 환자를 격려하신 노동영 초대
암병원장님, 개원준비단시절부터 암병원을 무척
사랑하는 암정보교육센터의 박세연 간호사,
매회 진료대기석 의자들을 관람석 형태로 배치해 주는
보안팀 직원분들, 일일이 열거를 못 해 아쉽지만
수많은 이들의 헌신이 녹아 있는
'암병원 음악풍경!', 천년만세를 기원한다.

(2015. 6. 25.)

애니메이션 설명처방

'알기 쉽게 설명하는 병원!'

우리나라에서 의료기관평가가 시작된 이후 병원현관에서 흔히 보게 되는 문구이다. 카드사나 보험사의 약관에 대한 설명을 듣노라면 무슨 말인지 이해도 안 되고 머리에 들어오지도 않는다. 상대방의 이해 여부는 아랑곳하지 않고 설명했다는 사실이 중요한 직원은 빠른 어조로 내용을 읊어댄다. 병원에서 환자가 경험하는 것이 이것과 다를까?

짧은 시간에 이루어지는 의료진의 설명으로, 환자와 가족은 복잡한 의료행위를 제대로 이해하지 못한 채 의사결정을 해야 한다. 또한 의사나 간호사는 시간에 쫓기면서 똑같은 내용을 반복적으로 설명하느라 스트레스를 받고 있다.

외과간호과장 시절, 암수술 후 퇴원 교육에 대한 불만족 민원이 있다는 얘기를 전해 들었다. 당시엔 병동별, 질환별 해당부서에서 각자 만든 교육 자료를 이용했으므로 표준화가 되어 있지는 않았다. 어쨌든 퇴원환자를 만족시킬 대책을 마련해야 했다. 간호과 내 질 향상(QA[1])팀 수간호사들과 논의하던 중 떠오르는 인물이 있었다.

닥터 두, 바로 며칠 전에 환자안전연구회 워크숍에 참석했다가 알게 된 외과의사 출신의 카툰 작가였다. '닥터두애니&일러스트'라는 회사의 대표라고 소개하며, 환자안전사건 수준을 피라미드 그림으로 보여주었는데 의미가 한눈에 들어왔다. 직원교육에 도움이 될 것 같아 자료를 부탁했으나, 복지부 공모에 채택된 그림이라 개인적으로 줄 수 없다고 했다. 이력이 특이하여 각인은 되었으나 이름이 기억나지 않았다.

과내 QA 팀 회의에서 알아보니 마침 같이 근무했던 수간호사들이 있어 연락해 보기로 했다. 첫 미팅에서 환자를 위한 효과적인 교육방법을 찾고 있다고 하자, 닥터 두는 본인이 꿈꾸던 게 바로 이런 일, '설명처방(Information Transcription)'과 '애니메이션처방(Animation Prescription)'이라며 환호했다. 의기투합이 되었다.

외과간호과 전 직원이 QA 활동에 참여했다. 퇴원교육 실태조사를 통해 질환별로 퇴원교육용 브로슈어를 제작함과 동시에, 우선 필요한 애니메이션 동영상자료 4개(대장암, 전립선암, 회장루, 대장루 환자의 퇴원 후 관리)를 만들기로 했다. 간호 팀에서는 초고를 작성하여 해당 진료과의 감수를 받아 원고를 제공하고, 분 · 초당 제작비가 들어가는 동영상은 닥터 두 측에서 맡기로 하였다.

그 즈음 닥터 두는 애니메이션동영상이 전자차트에 들어가는 시스

---

1 Quality Assurance(질 향상): 의료서비스의 질을 평가하고 문제점을 개선하여 질을 향상시키는 관리기법을 말한다(의료분야). QI와 혼용하여 사용하고 있다.

템을 구현하기 위해 회사를 설립하였는데 간호사 출신이 필요하다고 하여 내가 아는 간호사도 소개해 주었다.

애니메이션동영상을 이용한 교육방법이 환자와 간호사의 만족도, 환자의 이해도, 간호사의 유용성 측면에서 기존의 방법보다 월등함을 입증했다.[2] 의료진이 인터넷 주소 '하이차트(hi-chart)'에 들어가 환자에게 필요한 교육 자료를 '설명처방'으로 전송하면 환자가 교육내용을 휴대폰으로 볼 수 있게 되었다. 문명의 발전이었다. 환자의 선행 · 반복학습이 가능해졌다.

애니메이션동영상 교육을 받은 환자들은 '설명서 읽는 것보다 이해가 빨랐다. 귀에 쏙 들어오게 잘 만들었다. 신선하다. 환자 간호에도 많은 진보가 있다는 것을 느꼈다. 다른 질병과 검사에도 확대했으면 한다.' 등으로 설문에 답했고, 연구대상이 아닌 환자들은 본인들에게도 이런 교육을 해 달라고 했다. 간호사들은 '간호사의 노력으로 변화를 주도하여 자랑스럽다.'라고 응답했다.

2009년 11월, 원내 QA 경진대회가 열렸다. "국내 최초의 새로운 퇴원교육 모델을 제시하였다."라고 내세우면서 청중의 관심을 끌었다. 예상대로 수상하였고, 닥터 두도 꽃다발을 들고 참석했다. 간호조직의 특성상 여성이 대부분이라, 베이지색 바바리코트를 입은 젊은 남성이 꽃다발을 들고 와 줘서 부럽다고 농담들을 해댔다. 상금도 받

2 김영미 외(2013). 대장암 수술 후 퇴원 환자에게 적용한 컴퓨터 기반 애니메이션 동영상 교육의 효과. 재활간호학회지, 제16권(1).

았는데 함께 모여 식사할 기회도 갖지 못했다. 그렇게 여유 없이 살다니!

QA 결과물을, 간호 팀은 병원협회 학술대회에서 포스터로 전시하고, 닥터 두는 의료정보 학회에서 구두로 발표하여, 의료계와 정보기술(IT)계에서 호평을 받았다. QA 활동 후 간호사들이 시급히 만들어 달라고 요청한 작품이 '입원생활안내'였다. '입원생활안내'는 부서별 특성에 맞는 내용으로 수정보완을 거듭하며 지금도 유용하게 사용하고 있다. 닥터 두의 의대 동문뿐 아니라 간호부서에서도 개별적으로 환자교육용 동영상제작을 요청하여 이용하고 있었다.

2010년 어느 날 닥터 두로부터 연락이 왔다. '설명처방'이라는 개념을 확산하려면 우선 대형 병원에서 도입을 해야 하는데 우리 병원과 아직 계약을 못 하고 있다고 했다. 경영진에게 제품과 시스템을 설명하고 설득해야 할 단계에서 아무도 다리를 놓는 사람이 없는 모양이었다. 경영진 구성원이 동문선배인데도 직접 찾아가지 못하는 걸 보니 벤처사업가의 순수함이 느껴졌다. 순간 나의 오지랖이 발동했다.

환자와 직원뿐 아니라 병원과 벤처기업 모두에게 득이 된다는 판단이 서자 반사적으로 행동이 따랐다. 경영진 일원이자 외과의사인 홍보실장님을 떠올렸다. 수술 일정 중 만날 수 있는 시간을 알려 달라고 선배인 수술간호과장님한테 요청하여 수술장 입구로 달려갔다. 짧은 시간에 간단히 제품 설명을 하고, 앞서가는 좋은 시스템을 타 병원보다 우리 병원에서 먼저 도입해야 한다고 강조했다. 흔쾌히 발표(PT)회를 주선해 주셨다. 당시 홍보실장님은 수술 후 교육에 관심이 많은 분이기도 했다. 첫 발표회의 참석자들은 나 외엔 모두 진료과 교수였다. 이 시스템에 대해 부정적인 의견이 나올까 봐 조마조마했으나 좋은 평가를 받았다. 여기까지가 내가 한 일이다.

암병원 개원 당시엔 병원과 계약이 안 된 상태였음에도 암질환과 치료법에 대한 애니메이션동영상 교육 자료를 100개 이상 무상으로 제공하고, 암병원 곳곳에 설치된 '스마트도우미'라는 기계에 저장하여 환자가 의학정보를 쉽게 접할 수 있게 했다.

2011년 7월 4일, 닥터 두로부터 드디어 병원과 계약이 체결되었다며 감사하다는 문자 메시지가 왔다. 내 일처럼 기쁘고 뿌듯했다. 여기까지 오느라 장애도 많이 만났을 텐데….

우리 병원과 계약한 지 5년이 지난 지금 국내의 여러 병원에서 이 시스템을 사용하고 있다. 글로벌 회사로 성장하기 위해 회사명도 '헬스브리즈(HealthBreeze)'로 바꾸었다는데 세계적인 기업으로 성장하면 좋겠다.

현재 병원에서는 다양한 내용을 더 많이 제작하여 사용하고 있으며 이 프로그램 없이는 업무진행이 안 될 정도가 되었다. 설명처방을 제공한 횟수를 부서의 성과지표로 선정하는 곳도 생겨났으니 격세지감(隔世之感)이다.

알기 쉬운 설명으로 환자와 직원이 '매우 만족'하는, 지금보다 나은 세상을 만드는 일에 첫 단추를 끼웠다고 생각하니 미소와 함께 여러 문구가 떠오른다.

'들은 것은 잊어버리나 본 것은 기억하고',

'시작은 미약했으나 그 끝은 창대하리라',

'구슬이 서 말이라도 꿰어야 보배',

'통섭'[3], 그리고 '좋은 인연'….

(2016.9.25.)

3 통섭(consilience, 統攝): 큰 줄기(통)를 잡다(섭). 즉 '서로 다른 것을 한 데 묶어 새로운 것을 잡는다.'는 의미로, 인문 · 사회과학과 자연과학을 통합해 새로운 것을 만들어내는 범학문적 연구를 일컫는다.

태평양을 건너 온 환자이동판

지난 가을 미국 보스턴의 한 병원으로 연수를 다녀왔다. 마지막 해외연수라 왠지 허전한 마음이 들어 일정을 마친 후 23년 전 첫 해외 연수지였던 매사추세츠종합병원[1](MGH)을 찾아가 보았다.

전철역에서부터 병원 이곳저곳을 돌아보니 현재의 모습에 과거의 기억이 오버랩 되었고 새로 들어선 건물들의 위용에 세월의 흐름을 실감했다. U.S. 뉴스 & 월드 리포트[2]가 선정한 '2015~2016년 미국 병원평가 1위'라는 홍보문구가 현관입구부터 여기저기 붙어 있는 모습을 보니 '○○년 연속 브랜드 파워 1위'라는 우리 병원의 현수막이 떠올라 미소가 지어졌다.

미국 보스턴에는 세계적으로 유명한 하버드대학교가 있을 뿐더러 세계적으로 유명한 병원들이 있다. 하버드의대 근처는 보스턴 어린이병원, 브리검 앤 위민스[3]병원 등 많은 유명한 병원이 있어 동네 이름

---

1 Massachusetts General Hospital: 하버드 의대 부속병원 중 가장 오래되고 규모가 큰 교육병원.

2 U.S. News & World Report: 주간 미국 뉴스매거진.

3 Brigham & Women's Hospital.

도 '의료구역(Medical Area)'이다. 특히나 찰스 강가에 위치한 MGH는 미국 국내외에서 많은 연수자가 다녀간다.

수간호사 시절이던 1992년에 MGH에 연수신청서를 보냈다. 나를 받아 줄 병동의 수간호사로부터 한밤중에 전화로 영어회화 테스트를 받고 승낙을 받았다. 그런데 이 지역 병원은 하루에 100달러라는 높은 교육비를 요구했다. 교육비를 안 받는 병원을 찾아봐야 하나 고민을 하다가 용기 내어 그 병원에 편지를 보냈다. 꼭 가 보고 싶은데 교육비가 걱정이 된다고. 이메일이 없던 시절에 편지를 보내고 초조하게 기다리던 어느 날 교육비를 절반만 내고 오라는 답장을 받았다. 최초로 해외연수교육비를 깎은 사례가 되었다.

그렇게 가 보고 싶었던 MGH에 드디어 가게 되었다. 호기심 가득한 마음으로 MGH의 신경외과병동을 둘러보는데 눈에 띄는 물건이 있었다. 못 움직이는 환자를 침대와 이송차(gurney, stretcher car) 간 이동하는 일은 간호사뿐 아니라 환자를 옮기는 모든 이에게 힘든 일이다. 더구나 미국 환자들의 덩치가 보통 큰 게 아니었다. 그런데 이송차 상판보다 작은 플라스틱판을 홑이불 밑에 깔고 슬라이딩하면서 누워 있는 환자를 쉽게 이동하는 것이 아닌가?

환자이동판(Patient Mover), 신종병기(兵器)를 발견한 듯 사진을 찍어 와서 귀국보고회 때 그 사진을 보여 주며 우리도 이런 물건이 있으면 좋겠다고 했다. 그러나 당장 돈벌이도 안 되는, 더구나 간호사를 위한다는 명분으로 예산을 배정해 줄 리 만무한 시절이었다. 나는 기회만 되면 이 물건에 대해 노래를 불렀다.

해외연수 후 8년이 지난 2000년, 간호부 행정실 수간호사로 근무하던 때에 의사파업이 있었다. 그 해 말경, 파업 때문에 집행이 안 된 예산이 있다고 사무직인 기우탁 선생님이 내게 귀띔을 해 주며, 평소에 그렇게 사 달라던 그 물건을 신청해 보겠다고 하였다. 당시 직속상사였던 김명애 간호행정실장님의 승낙을 받은 후 한 판에 500달러나 하는 수입품 플라스틱(폴리카보네이트) 환자이동판을 구매하게 되었다.

너무나 기뻐서 어쩔 줄 모르는데 황당한 일이 생겼다. 물건이 병동에 배달되자 병동 수간호사들이 불평을 제기했다. 부피가 큰 물건을 보관할 곳이 마땅치 않고 이송원들도 이 물건을 들고 환자 방으로 가는 게 번거롭다는 것이다. 효용가치를 모르기 때문에 하는 소리였지만 너무나 답답했다. 직원들을 위한다는 일념으로 오랜 세월 공들여 성취해 냈는데 오히려 마음을 졸이는 처지가 되었다. 물품구매를 허락해 준 상사한테는 민망하기 짝이 없었다. 그래서 미국병원 연수를 다녀온, 이 물건의 중요성을 잘 아는 중환자실 수간호사로 하여금 전체 수간호사 앞에서 사용법 시범을 보이게 하였다. 이후엔 이 환자이동판이 없으면 환자를 못 옮기겠다는 상황까지 벌어졌다.

근로자의 근골격계 안전에 대한 관심이 점차 증대되면서 2006년에 노동부에서 병원에 실태조사를 나왔다. 마침 내가 근로감독관을 안내하게 되어 병동을 다니면서 이런저런 직원들의 근골격계 안전을 위해 노력하는 모습을 보여 주었다. 특히나 환자이동판을 보여 주니 '갑'의 입장인 근로감독관이 깜짝 놀라며 다른 병원들도 구비하면 좋겠다고 했다. 노동부에 이런 물건을 요청하면 비용도 대준다고 알려주었다. 근골격계 안전관리 실태에 대해 문제점을 지적해야 하는 근로감독관을 김빠지게 한 건지 감동을 시킨 것인지 모르겠다.

2010년 직장운동회에서 내가 허리를 다치는 바람에 입원하여 엑스레이를 찍으러 갈 일이 여러 번 있었다. 평소에는 침대에서 이송차로 옮길 때 환자이동판을 이용하여 옮기니 아무 문제가 없었다. 하루는 이송차로 옮기던 중 날카로운 것으로 상처를 찌르는 듯 너무나 아파서 비명을 질렀다. 환자이동판을 사용하지 않고 홑이불로 그냥 들어 옮겼던 것이다. 병실로 돌아올 때는 환자이동판을 대고 침대로 미끄러지게 옮겨 전혀 아프지 않았다. 세상에나! 내가 환자가 되어 보지 않았다면 전혀 알 수 없는 대발견이었다.

최근에는 친정엄마가 고관절을 다쳐 우리 병원에서 치료를 받으셨다. 하루는 검사를 위해 침대에서 이송차로 옮기는 순간 무척 고통스러워하는 장면을 목격하게 되었다. 환자이동판을 사용하지 않았기 때문이었다. 그러고 보니 이 환자이동판은 직원보다 근골격계 환자에게 더 필요한 도구였던 것이다. 단순히 병동에서 일하는 직원들의 수고를 덜어 주고자 했던 일이 간호사와 이송원은 물론 환자와 병원 모두에게 이로운 일이 되었고, 환자가 된 내게도 선(善)이 되어 돌아왔다. 병동의 복도 벽 하단에 가로로 걸려 있는 파란색 환자이동판을 볼 때면 감회가 새롭다.

선진문물을 하나라도 더 들여오고자 의욕에 불탔던 그 시절에 각종 서적과 환자교육 책자들을 들고 오느라 보스턴에서 대형 짐 가방을 하나 더 샀던 기억이 난다. 고려 말에 문서기록 담당관으로 원나라에 갔다가 목화씨를 몰래 가져와 목화재배를 보급시킨 문익점을 떠올린다. 지나친 비약일까?

(2016.3.25.)

화장실, 그 가치를 복원하다

그 화장실은 30년간 늘 비어 있었다. 간호사실 정면의 넓은 창 옆에 있는 병동 내 유일한 직원용 화장실이다. 입원병동의 간호사실은 의료진과 환자 그리고 보호자로 언제나 북적거린다. 어쩌다 주변에 아무도 없는 틈을 타 화장실에 들어갔다가 밖에 인기척이 있으면 나오지 못하고 기회를 엿보며 안절부절못했다. 문 밖에 아무도 없을 것으로 예상하고 나오다가 마주친 의사들의 눈빛에 민망한 웃음을 보내기도 했다. 남녀 구분도 없는 화장실 바로 옆에는 인턴, 전공의가 사용하는 붙박이 테이블이 있고, 공간의 중앙에 회의용 테이블이 있다. 사정이 이러하니 누구도 그 화장실을 사용할 수가 없었다. 그림의 떡인 셈이다. 2006년 이전에 근무했던 사람들은 비슷한 경험이 있을 것이다.

현재의 서울대학교병원 본관 신축을 계획할 당시엔 우리나라가 경제적으로 어려워 미국의 원조단체인 CMB[1]로부터 설계부문의 지원을 받았다. 1966년 11월에 CMB에서 파견해 준 병원설계전문가인 미국인 와이팅(Whiting) 씨가 신축건물의 마스터플랜을 작성하였으며 사방에서 채광을 받을 수 있도록 쌍Y자형으로 설계하였다.

그 당시 병원 신축을 추진했던 병원장의 회고록[2]에 '미국에서는 병원건물의 특수한 기능과 구조로 인해 병원설계에 관한 특수훈련을 받은 사람에게만 그 면허를 수여하고 있었다.'라고 기술한 것은 병원설계자의 전문성에 대한 존경의 표현일 것이다. 와이팅 씨 이후에도 한국인 포함하여 몇 명의 건축가가 병원설계에 참여하였다.

1968년에 첫 삽을 들어 올려 11년 만에 완공된 서울대학교병원은 조직, 인력, 시설 등의 면에서 그 당시 동양 최대의 병원이었다. 내가 대학교 2학년 때는 구 대한의원 건물에서 실습했고, 3학년 때부터 신축건물에서 실습하였으므로 역사적인 변화의 시기에 학교를 다닌 셈이다. 건축에 대해 문외한인 나도 이 건물은 외국 사람이 설계하여 아주 튼튼하게 지어졌다는 이야기를 전설처럼 들어왔다. 의료진의 동선을 고려한 진료실 위치 선정 등 당시엔 획기적인 일이었다고 한다. 동선만 고려했을 때 직원화장실의 위치는 이보다 더 나을 수가 없다.

1990년대 초 세계적으로 유명한 미국 병원들을 방문했을 때 우리 병원과 건물 구조가 거의 같다고 느꼈으나, 우리 병원의 설계자가 미국인이었다는 것은 몰랐다. 운영시스템이 다름에도 불구하고 전체적

---

1 CMB(China Medical Board): 록펠러재단이 중국의 의학교육 원조를 위해 1914년에 설립된 위원회로 1928년에 독립한 비영리 재단. 중국과 아시아의 의학, 간호학, 보건학 분야의 연구와 교육을 지원하며 현대의료기술 도입에 앞장서옴. www.chinamedicalboard.org.

2 한심석(1992). 관악을 바라보며. 서울대학교병원 30년사.

인 구조가 미국 병원과 비슷하게 설계되었다. 그러나 미국 병원의 병동 내 직원용 화장실의 위치는 우리와 달리 간호사실과 접근도 용이하고 눈에 띄지 않아 누구나 마음 편히 이용할 수가 있었다.

우리는, 각 층에 쌍Y로 된 4개 병동 밖 중앙복도에 남녀 화장실이 하나씩 있다. 수많은 방문객, 보호자, 직원이 화장실 문 앞에서 줄을 서야 했다. 특히나 여성들이 그랬다. 언제부턴가 병동의 직원들이 승강기를 타고 지하층으로 화장실을 다녀오고 있었다. 최근에 알았지만 그 당시 지하층에서 검사실을 하나 없애면서까지 여성용 직원화장실을 더 만들었다고 한다. 오죽하면 그랬을까? 직원화장실 문제는 늘 내 마음을 무겁게 했다.

10년 전 내과간호과장 시절, 부원장 주재의 관리자 회의에서 환자 재원일수에 관한 주제 토의가 끝날 무렵, 당시 연차가 가장 낮았던 내가 직원화장실 문제의 심각성을 언급했다. 모두들 공감하면서, "해결해 주고는 싶지만 건물을 다시 짓지 않는 한 방법이 없다."라며 안타까워했다.

'방법이 없다니!' 나는 바로 건축과 계장을 만나 자문을 구했다. 간호사실 옆에 '티 룸(tea room)'이라 불리는 작은 방이 있는데 화장실 문의 방향을 그 '티 룸' 벽으로 내는 게 가능한지를 물었다. 가능하다는 답과 함께 여러 안에 대해 도면까지 그려 주었다. 기존의 화장실 문을 막고 '티 룸'을 통해 출입하는 방법이었다. 의사 등 여러 직종이 공동으로 사용하는 간호사실 공간이 화장실 문의 넓이만큼 좁아지는 문제는 있었다.

병동이 가장 많은 내과에서 먼저 시행하면 병원 전체에 확산될 것이란 생각이 들었다. 또한 내가 내과에서 근무하고 있었으므로, 내과 과장님을 찾아가 여성 직원의 화장실 문제해결에 도움을 주십사 요청하였다. 물론 취지는 공감되었으나 도면 관련 이의가 제기되었다. 일이 틀어질까 봐 조마조마했다. 다른 안이 요구될 때는 도면을 새로 그려 오는 동안에도 혹시나 마음이 변할까 봐, 본관과 떨어져 있는 건축과 사무실로 직접 달려가서 새로운 도면을 받아왔다. 그날 바깥 날씨가 뜨거웠던지 얼굴은 벌겋게 달아올랐고 숨이 찼던 기억이 난다. 여름이었던 모양이다.

어떻게든 일을 성사시켜야 했으므로, 화장실 공사 이후 발생할지 모를 가상의 부정적인 면이 언급될 때는 "그 점은 걱정 마시라. 각서라도 쓰겠다."라고 하면서 절박한 심정을 나타냈다.

드디어 병동의 직원화장실 입구변경 공사가 시작되었다. 병원 집행부에서도 적극적으로 지원하였다. 그러나 진료과별로 지지하는 분위기는 매우 달랐다. 어느 과에서는 축하의 뜻으로 간호사실 '티 룸'에 고급 커피머신을 선물하기도 했으며 어느 과에서는 끝까지 공사를 반대하다가 대세에 밀려서 할 수 없이 승낙하기도 했다. 2006년에 시작하여 2007년에는 본관의 병동화장실 출입구 공사가 모두 끝이 났다.

참을 때까지 참다가 화장실 찾아 떠돌던 직원들의 기본 욕구를 바로 해결할 수 있게 되었다. 해방이 된 것이다. 대장수술 후 화장실에 자주 가게 된 직원은 공사의 혜택을 바로 보았다며 내게 고맙다고 했다. 두 평 남짓한 '티 룸'이 화장실 출입통로 때문에 한 평 정도가 더 늘어났으며, 도배와 사물함까지 개비하는 바람에 아늑한 공간으로 탈바꿈하여 직원들의 만족도 향상에도 기여하였다.

30년 만의 이러한 대변화는 건축 관련 사안의 가능성 판단과 실행을 도와준, 당시 건축 계장이었던 노정삼 과장님의 공로가 있었기에 가능했다. 과거에 '공사 불가능' 답변으로 수년간 끌어안고 지나온 건축 사안을 '공사 가능'으로 판단하여 병동의 숙원사업을 해결해 주었을 뿐 아니라, 늘 현장 직원의 입장에 서서 건축문제를 명쾌하게 해결해 주는 분인데 곧 정년퇴직이라니 다들 서운해 한다. 두드림에 선뜻 문을 열어 준 분께 감사, 또 감사드린다.

30년 동안 바라만 보던 화장실이

우리와 함께 숨을 쉬는, 사람을 위한 공간으로

탈바꿈한 역사 앞에서 미소가 번진다.

(2015.9.25.)

1%의 가능성

(중략)

단 1%가 우리를 행복하게 또 불행하게 합니다.

나는 오늘

그 1%를 행복의 저울 쪽에 올려놓았습니다.

그래서 행복하냐는 질문에 웃으며 대답했습니다.

행복하다고…

–이해인 님의 '1%의 행복' 중에서–

병원 건물의 용도변경과 개 · 보수는 늘 진행 중이다. 장기간 파업 중이던 2004년 여름에 내과간호과로 발령을 받았다. 다양한 분야에서 할 일이 줄줄이 기다리고 있었다. 전체 병동에서 직원들이 화장실 찾아 병동 밖으로 나돌던 때였다. 직원과 환자가 늘어도, 화장실은 고려하지 않았다.

수차례 용도변경으로 구조가 이상한 병동이 있었다. 우연히 그 병동 비소독물실 바닥에서 파이프라인(管路)의 흔적을 발견했다. 실낱 같은 희망으로 알아보니 변기가 있던 자리였다. 그 자리에 직원용 간이 화장실을 만들어 주고 싶었다. 시설부에 요청하니 흔쾌히 만들어 주겠다고 했다. 그런데 어느 날 공사하는 데 문제가 있다고 했다. 바로 아래층이 무균 병동이라 감염문제로 공사할 수 있는 가능성은 1%라고 했다. 나는 "그 분야의 전문가들께서 가능한 방법을 찾아 봐 달라."고 사정했다. 그리고 해당 부서장한테 이메일을 보냈다.

이해인의 '1%의 행복'이란 시를 맨 앞에 옮기고 다음과 같이 썼다. "빌려 온 시 한 편 선물로 보내 드립니다. 우리 환자들은 1%의 가능성에 매달리지요. 화장실 건은 1%의 가능성에 희망을 걸어 볼 수 없을까요? 공사가 어렵다니 안타깝네요."라고. 포기하는 심정으로 메일을 보냈는데 공사가 이루어졌다. 내가 쓴 메일 내용 때문인지 시 때문인지는 모르겠지만, 진정성은 전해졌으리라. 지금 그 시를 다시 읽어 보니 '행복'과 '가능성'은 별 연관이 없다. '1%'라는 말 때문에 그 시를 인용했는데 결과는 좋았다. 그 후 작업복 차림의 직원들이 화장실 찾아 병동 밖으로 나가지 않게 되었다.

2년 후, 완화의료병동에서 병실 하나를 교육상담실로 용도변경하면서 그 방의 화장실을 없앨 계획이라고 전해 들었다. 새로 만들지는 못해도 있던 화장실을 없앤다니! 공사 담당 부서에서는 병동장의 결정이기 때문에 재고의 여지가 없다고 했다. 공사 바로 전날 병동장한테 이메일을 보냈다. 병동 화장실의 실태와 여성 직원의 고충에 대해 설명하고, 기존에 있던 화장실은 없애지 말아 달라고 부탁했다. 결국 그 화장실을 그대로 두게 됐다. 관련 직원들과 소식을 들은 사람들이 모두 기뻐했다. 1%의 가능성조차 생각하지 않던 일이다.

2006년, 본관 건물의 한쪽 라인 전체 병동을 개·보수할 때였다. 소화기계 병동의 처치실이 다른 일반병동보다 협소(1/2수준)하여 여러 직종이 사용하기에 어려움이 많았다. 무엇보다 싱크대가 1개여서 주사조제 공간과 관장 통 세척 공간이 인접해 감염 문제가 발생할 수 있었다. 또한 바로 옆의 1인용 병실은 다른 1인용에 비해 좁아서 환자로부터 민원이 자주 발생했고, 환자 이송차로 인해 벽이 긁히는 상황이었다.

좁은 1인용을 없애면 처치실은 넓힐 수 있으나, 1인용 병실료로 얻는 수익이 큰데 그 방을 없앤다는 것은 상상도 할 수 없는 일이었다. 감염에 대한 사회적 관심도 별로 없을 때였다. 감염 위험성을 강조하며 문헌을 찾아 수차례 관련 부서에 제출했으나 번번이 반려되었다. 병동장한테도 힘을 실어 달라고 부탁했다. 당시 분위기로 그 병동 수간호사는 물론이고 나도 별 기대는 하지 않았다. 우리가 노력했다는 근거라도 남기자고 했다. 그런데 어찌된 일인지 통과가 되었다. 결정 소식을 듣는 순간, 수간호사와 마주보며 신기해했다. 1인용을 없애는 일이야말로 0.1%의 가능성도 기대할 수 없었다.

최근 이슈가 된 신생아집단감염사태를 보면서, '주사조제 공간과 관장 통 싱크가 인접해 집단감염문제가 발생한다면 누구한테 법적 책임을 물을까?'라는 의문과 함께 처치실 확장을 추진하던 일이 떠올랐다.

내과계 일반병동에 가정용 인공호흡기를 달고 있는 환자가 꽤 있었다. 일반병동에 중환자가 있으니 환자안전에도 문제가 있을 뿐 아니라 간호사 업무 부담도 이만저만이 아니었다. 이런 환자들을 위한 준중환자실(Sub ICU)이 있으면 좋겠다고 수간호사들이 건의했다. 마침 호흡기계 병동이 개 · 보수 라인에 속해 있어 기회라고 생각했다. 해당 분과장한테 설명하니 진료과에서도 필요로 하고 원하는 일이지만, 그동안 집행부에 요청해도 안 됐는데 가능하겠냐고 반문했다. 나는 기존에 준중환자실을 만든 다른 진료과의 제안서를 구해다 주며 추진해 보라고 독려했다. 해당 분과에서조차 불가능할 것이라 생각한 일이 성사되었다. 공사로 끝나는 게 아니라 간호인력이 더 투입되어야 하므로 쉽게 통과될 일은 아니었다. 간호부서 내에서도 인력 낭비라고 평가하는 이들이 있었으니 말이다. 환자안전과 간호인력이 화두인 지금, 돌이켜 보면 참 잘한 일이다. 정작 요구해야 할 진료과에서조차, 가능성 타진은커녕 아이디어도 없던 일이다.

직원의 생리적 욕구를 위해 화장실을 복원 · 유지하고, 감염 가능성을 부각하여 1인용 병실을 없애 처치실을 넓히고, 환자안전 관점에서 호흡기계 준중환자실을 만들도록 했다. 아무것도 가능할 것 같지 않았던 일들이다.

‘1%도 안 되는 가능성’에서 ‘100% 가능’해진 역사를 돌이켜 보니, 도전과 열정, 그 자체였다.

공공의 행복을 위한….

(2017.11.)

그땐 그랬지

올해는 유난히 간호사 처우에 대한 기사가 자주 오르고 있다. 기사와 댓글을 읽으니 오랜 세월을 병원간호조직에 몸담은 나로선 만감이 교차한다.

40년 전, 병원이라고는 가 본 적도 없고, 간호사가 무슨 일을 하는지도 모르던 나는 아메리칸드림을 이루고자 간호학과를 택했다. 대입 원서 쓸 때 "이 성적으로 왜 하필 간호학과를 지원하느냐?"라는 선생님이 계셨다. 간호사에 대한 인식이 좋지 않았던 모양이다.

간호대 2학년이던 1978년, 기본간호 실습 시간에 병원이라고는 처음으로 서울대병원(구 대한의원 건물) 내부에 들어가 봤다. 간호사실에는 난방용 연탄난로가 있었다. 주사기는 유리였고 주사기와 바늘은 분리되어 소독포(消毒布)에 싼 채 공급되었다. 사용한 주사기는 숫자를 세어서 반납하고 있었다. 그해 말에 지금의 건물이 문을 열었으니 대한의원 건물에서 마지막으로 실습한 기수이기도 하다. 당시 동양최대의 병원인 지금의 본관 건물로 이사하면서 운영 시스템도 현대화되었다. 3학년 실습부터 새 건물에서 일회용 주사기를 사용하기 시작했다. 획기적인 변화였다.

1981년, 대학 졸업 후 바로 병원근무를 시작했다. 평간호사 시절에는 맡은 환자를 보는 일 외엔 다른 데 관심을 가질 여유가 없었다. 1980년대 후반, 수간호사가 되니 시야가 넓어졌다. 현대식 건물에서 최신식 시스템으로 병원이 운영되고 있었으나 간호사실에 하나밖에 없는 전화는 원내 통화만 가능했다. 환자의 집이나 직원에게 연락하려면 복도 입구에 있는 한 대의 공중전화를 사용해야 했다. 그 앞엔 언제나 사람들이 줄을 섰다. 환자, 보호자, 직원…. 전화 걸 일이 있으면 순서를 기다리며 병동에 무슨 일이 생길까 봐 조마조마한 마음으로 간호사실을 바라보곤 하였다. 일인용 병실과 행정직 사무실에서는 시내 통화가 되었다. 그 당시 웬만한 집엔 전화가 있었다.

공장에서 일하는 저임금의 여성 근로자를 비하해서 '공순이'라고 부르던 시절이었다. 그분들껜 죄송하지만, '간호사 근무 환경이 그보다 못한가?'라는 생각이 들었다. 당시 직속 상사를 통해 건의했지만 명확한 답변이 없었다. 마침 우리 병동에 전화 담당 직원이 입원하는 바람에 비공식적으로 부탁하여 시내 통화가 가능하게 되었다. 이 일을 비밀로 하고 조용히 지내면 아무 문제가 없었다. 그러나 간호사 집단이 이런 대우를 받는다는 사실이 용납되지 않았다.

어느 날 전 직종의 보직자 워크숍에 참석하게 되었다. 이전부터 있던 행사인지는 모르지만 나는 관리자가 되어 처음 참석하는 것이었다. 주최하는 부서에서 문제점을 몇 가지 생각해 오라고 했다. 초짜 관리자인 나는 순진하게도 꼭 해야 하는 숙제인 줄 알고 현장의 문제점 여러 가지를 적어 갔다. 그 중 하나가 간호사실에서 시내 통화가 되어야 한다는 거였다. 조별 발표에도 그 내용이 들어갔다.

워크숍 다녀온 월요일 아침, 윗분으로부터 당장 내려오라는 불호령이 떨어졌다. 워크숍에서 발표한 내용이 모두 각 부서장한테 보고가 되었던 것이다. '이런 불평을 간호부 보직자가 언급했다는 것도 문제고, 이 많은 병동에서 시내 통화가 되면 통신료가 얼마인데….'라는 내용으로 아주 센 비난을 받았다. 거의 고문 수준이었다. 심히 위축되어 제 정신이 아님에도 충정어린 소리로 이런 말을 했다. "노조에서 요구하기 전에 부서차원에서 해결해야 하는 일이라고 생각한다."라고.

오전에 된통 혼쭐이 나서 어떻게 시간이 가는 줄 몰랐는데 오후에 행정실장으로부터 연락이 왔다. 해당 부서에 협조전을 보내기로 했다고. 바로 다음 날 전 병동 간호사실에서 시내 통화가 가능하게 됐다. 지금은 휴대전화나 인터넷 전화로 굳이 시내 통화가 안 되어도 그리 불편할 게 없는 세상이 됐으니 호랑이 담배피던 시절의 이야기라고 할 것이다.

문제가 또 있었다. 워크숍은 1박2일이어서 토요일 오전 근무 후 병원에서 출발하여 일요일 저녁에 집으로 돌아왔다. 휴일에 쉬지 못 하면 다음 주에 일하기 힘들 뿐더러, 병원 발전을 위해 하는 일인데 워크숍을 평일에 하면 좋겠다고 건의했다. 모든 사람이 원하는 일이었으나 눈치 보느라 말을 못 하고 있어 눈치 없는 내가 했다. 나중에 들은 이야기인데 총무과의 윗분이 대노하여 간호부장실로 찾아와 보직자가 그런 발언을 하다니 누군지 색출해 내겠다고 인사기록을 뒤졌다는 것이다. 그러나 바로 다음 해부터 워크숍이 주중에 실시됐다. 내가 두들겨 맞은 대가였다.

호된 신고식을 치른 첫 워크숍 후 나는 '복지부동'을 좌우명으로 삼기로 했다. 그러나 다이어트 결심처럼 늘 다짐하지만 실행이 안 됐다.

그 시대의 윗분들을 원망하려는 게 아니다. 병원의 비용을 한 푼이라도 아끼려고 애썼고, 휴일도 반납하는 게 보직자의 도리라고 생각하는, 그야말로 병원에 충성한 분들이다. 후배들은 나를 또 그런 윗분으로 봤을 수도 있겠다. 시대의 분위기를 못 맞춘 나는 요즘 말로 '관심 직원', 아니면 선구자였을까?

우리나라에서 유독 간호사가 하는 일에 비해 사회적 인식이나 경제적 가치가 저평가 되어온 이유가 궁금해 문헌을 찾아보았다. 일제강점기인 1920년대에 '신여성', '직업여성'의 개념이 등장하며 여성의 직업 활동이 본격화되었고, 유교적 구습과 함께 임금과 노동 시간에 있어서 일본인과 조선인에 대한 민족적, 성적 차별이 있었으며, 전문직종 중에서도 여성 의료인에서 가장 큰 비중을 차지하는 간호부 종사자가 가장 많은 차별을 겪었다[1]고 한다.

최근 '간호사 근로환경과 처우개선'이란 주제로 실리는 여러 글 중 한 기사를 발견하고 무릎을 쳤다.

1 우지현(2009). 1920~30년대 여성의 직업 진출과 사회적 갈등. 석사학위논문, 명지대학교 역사교육전공.

"(중략) 우리나라는 빠른 경제 성장을 위해 노동자들의 희생을 강요해왔던 것이 사실이고, 최근 안정된 경제 기반 속에서도 그 같은 관행은 쉽게 고쳐지지 않고 있다. 간호인력 문제도 같은 맥락이다. (중략) 이에 병원 역시 가장 큰 인력비중을 차지하는 간호사들에게 우리나라 '의료 발전'을 위해 희생할 것을 강요해 온 것이다.(하략)"[2]

2 메디파나뉴스, 조운 기자. [수첩] 간호인력 종합대책… "결국, 사람이 먼저다" 2017-11-13.

많은 간호사 선후배, 동료의 희생으로 우리나라 의료가

발전했다니 이제는 당당히 큰소리를 내도 될 것 같다.

30년 전 초보 수간호사였던 내가 조용히 있었어도

그런 문제들은 개선되었을 것이다.

시기는 좀 늦어졌겠지만.

지난 30년 전, 40년 전, 그땐 그랬다.

(2017.12.25.)

고마운 버클리 씨

마지막 해외연수를 마치고 귀국하는 길이다. 버클리 씨를 못 만나고 오는 허전한 마음에 그동안의 추억을 글로 옮겨 본다. 그럼에도 웬일인가. 비행기에 오를 때부터 엎치락뒤치락하던 기분이 태평양 상공을 한참 지났는데도 제자리를 찾지 못한다.

내과병동 수간호사로 근무하던 1998년에 보스턴의 '브리검 앤 위민스 병원(BWH[1])'으로 연수를 갔다. 하버드 의대 가까이 있는 BWH는 '매사추세츠 종합병원(MGH[2])'과 함께 명성을 날리는 곳이다. 거기서 리오 버클리(Leo Buckley)씨를 알게 되었다.

BWH 간호부에서 보내온 초청장에 저녁초대 일정이 있어서 의아

1 Brigham and Women's Hospital(BWH, "The Brigham") is the second largest teaching hospital of Harvard Medical School in Boston, Massachusetts.

2 Massachusetts General Hospital(MGH or Mass General) is the original and largest teaching hospital of Harvard Medical School in Boston, Massachusetts.

했다. 연수 첫날 간호부서 사무실을 찾아가니, 간호 관리자들을 비롯하여 직원들이 나를 잘 알고 있는 것처럼 반기며 이구동성으로 "Korean children, adoption(한국 아이들, 입양)"을 외치며 근처의 버클리 씨 사무실로 안내했다. 인자한 인상의 백인 남성이 나를 반갑게 맞이하는 게 아닌가. 간호부서 재무담당 책임자(Director)인 버클리 씨의 사무실에 들어서니, 정면에 나란히 걸린 액자 세 개가 눈에 들어왔다. 코가 납작한 아시아계 아이들의 인물사진을 그림으로 그린 것이었다. 버클리 씨가 입양한 세 명의 한국 아이들이라고 했다. 초청장의 일정에 있던 저녁초대는, 한국인이 연수신청서를 냈다는 사실을 알고 버클리 씨가 집으로 초대하겠다고 했단다. 한국인 간호사가 다녀간 적이 없었던 모양이다.

일정표대로 버클리 씨가 퇴근길에 나를 태워 집으로 데리고 갔다. 아이들에게 각자 방을 만들어 주기 위해 최근에 이사했는데 시내에서 약간 떨어진 '록스베리(Roxbury)'라는 동네였다. 3층짜리 그 집은 지은 지 100년이 넘었다고 했다. 집에 도착하자, 덩치 큰 버클리 씨가 앞치마를 두르고, 미국 사람들이 추수감사절 같은 명절에 먹는다는 칠면조를 부엌에서 직접 굽기 시작했다. 나를 아주 귀한 손님으로 대접한다는 것을 느낄 수 있었다. 아이들은 식탁 유리판 밑에 깔아둔 세계지도를 들여다보며 자기들끼리 떠들더니, 발음도 제대로 안 되는 막내가 고사리 같은 손으로 작은 점을 가리키며 여기가 한국이라고 나에게 알려 줬다. 어른 아이 할 것 없이 모두 들뜬 분위기였다.

가장 위인 큰아들 리틀 리오(Little Leo)는 초등학생, 그 아래 딸 애슐리(Ashley)는 취학 무렵이었던 것 같고, 막내아들 매튜(Matthew)

는 말도 정확하게 못 하는 어린 나이었다. 양부모님들이 한국에 다녀온 줄 알았더니, 뉴욕에 있는 홀트 아동복지회에서 아이들을 데려왔으며 위로 두 명을 먼저 입양했고 얼마 뒤에 막내를 데려왔다고 했다. 한국 성이 다른 세 명 모두, 한국 이름을 자랑스럽게 소개했다. 그 순간 내 마음이 기쁘지만은 않았다. 한국인으로서 느끼는 미안함 때문이었으리라.

부인 데브라(Debra)는 아이들을 키우기 위해 유치원 교사직을 그만두고 보스턴 지역 입양부모회 회장직을 맡고 있었다. 입양부모회에서는 입양된 아이들과 정기적으로 모여 태어난 나라의 문화를 익히게 해 주려고 노력하고 있었다. 모든 식구가 한국의 풍습에 대해 호기심을 나타냈고 아이들에게 한국 문화를 알려 주려는 부모님의 열의가 전해져 왔다. 데브라는 아이들이 한국음식을 좋아한다며 불고기 만드는 방법을 알려 달라고 했다. 한국에서는 맏이가 부모를 모시는 전통이 있다고 하니 부모님들이 놀라워하며 재미있다는 듯이 웃었다. 리틀 리오는 맏이답게 듬직했다. 리틀 리오가 "언젠가는 친부모를 찾겠다."라고 했다며, 말을 전하는 데브라의 표정에서 서운함을 읽을 수 있었다. 애슐리는 딸이라 예쁘고, 막내는 어딘지 허약해 보였는데 데려올 때부터 질병이 있었으나 많이 좋아진 것이라 했다. 이렇게 아픈 아이까지 기꺼이 자식으로 삼는 분들이 참으로 거룩하게 느껴졌다. 마음 깊이 감사했다.

영어로 의사소통이 원활하지는 않았으나 아이들과 나는 서로 끌림을 느꼈다. 동화 속 인형의 집처럼 꾸며 놓은 아이들 방을 계단으로 오르내리며 구경했다. 동시에 양부모님들이 이 아이들에게 얼마나 사랑을 쏟고 있는지 알 수 있었다. 이런저런 이야기를 하다가 헤어질 시간이 되었다. 리틀 리오는 자기 방으로 급히 가더니 나에게 선물을 내밀었다. 트럼프(playing card) 크기의 야구선수 사진이었다. 미국 사람들이 야구를 좋아한다더니, 그 아이로선 아주 소중한 것을 나한테 주고 있다는 게 느낌으로 와 닿았다. 애슐리는 여자 아이답게 꼬아서 팔찌 만드는 색실 꾸러미 세트를 나에게 주었다. 막내 매튜는, 자기는 줄 게 없다며 천진한 표정에 양어깨를 올리는 몸짓을 하여 모두 웃음 짓게 하였다.

리틀 리오, 애슐리와 함께 버클리 씨는 내가 머물고 있던 친정 언니네 집에 나를 데려다 주었다. 차에서 내려 그 아이들을 꼭 안아 주며 작별 인사를 하는데 울컥했다. "열심히 공부하고 부모님 말씀 잘 들어라."라는 한국 어른의 상투적인 훈시가 무의식중에 튀어나왔다. 뼛속 깊이 박혀 있는 이 말이 영어로 나오다니! 한국 전래 가르침이었다. 손을 흔들며 돌아서는데 코끝이 찡해졌다.

그 아이들이 내게 느끼는 감정은 어떠했을까? 집에 들어와 언니에게 설명하는데 목이 메고 눈물이 쏟아져 말을 잇지 못했다. 우리 집 아이들보다 어려서 애틋한 마음이 더했던 것인지. 훌륭한 부모님 밑에서 큰 사랑을 받고 있는데 내가 마음 아파하는 게, 지나친 오지랖인 것도 같고 한국인이기 때문에 느끼는 죄책감 같기도 했다.

버클리 씨의 영향력 덕분인 듯 연수 받는 동안에 병원의 다른 직원들이 내게 매우 호의적이었다. 어느 날은 한국인 환자가 외래 예약이 되어 있다며 버클리 씨가 나를 데리고 가서 한국인 통역사와 환자를 만나게 해 주었다. 한국인이라면 무조건 반가운 모양이었다. 연수 마지막 날에는 수간호사와 이웃 병동 서기들이 돈을 모아서 병원명이 새겨진 두툼한 스웨트(sweat) 셔츠를 내게 선물로 사 주었다. 한국에 돌아와서 한동안 이 셔츠를 줄기차게 입고 다녔던 일이 새삼스럽다.

연수 후에도 버클리 씨와 연락을 이어 나갔고, 동료들이 BWH로 연수 갈 수 있도록 도와주었다. 그 병원으로 연수 가는 동료가 있을 때는 인편으로, 없을 땐 우편으로 버클리 씨 댁에 한국적인 선물을 보내 주었다. 영문으로 된 한국 소개 책자와 불고기 레시피, 데브라를 위한 개량 한복, 그리고 애슐리에겐 우리 딸아이가 학예회 때 입었던 하얀색 드레스를 보냈다. 2000년에 처음으로 이메일 주소를 만들어, 버클리 씨께 가장 먼저 소식을 전했다. 주소를 만들 때 내 이름 약자로는 중복 주소가 많아 맨 앞에 '서울(seoul)'이란 영문철자를 넣었다. 외국인이 알아보기 쉬우라고.

BWH 연수 후 8년이 지난 2006년에는 간호리더십 해외연수프로그램 참석 차 보스턴으로 가게 되었다. 교육일정에 BWH 방문도 있어서 버클리 씨 가족에게 한국 선물을 사 가고 싶다고 메일을 보냈더니, 2002년 월드컵 티셔츠 '붉은 악마'를 주문하면서 아이들 사이즈를 알려 주었다. 4년이나 지난 상품이라 상점엔 없어서 공장의 재고를 주문하여 어렵게 가져갈 수 있었다. 교육 첫날 교육장소로 버클리 씨가 나를 찾아와 서로 준비한 선물을 주고받으며 수업 시작 전에 잠깐 이야기를 하고 헤어졌다. 고등학생인 큰아들이 약학대학을 목표로 공부한다고 했는데 지금은 그 말만 기억이 난다.

그 두 번째 만남 이후로 연락이 끊어졌다. 가끔 리틀 리오가 원하는 대학에 들어갔는지, 모두들 어떻게 성장했는지 궁금했지만 영어로는 편지가 선뜻 써지지 않았다. 마지막이 될 해외연수를 보스턴으로 오면서 버클리 씨를 만나 보려고 한국에서 출발 전에 메일을 보냈는데 계속 수신이 안 된 것으로 나타났다. 연수가 끝날 무렵엔 전화 메시지도 남겼는데 답이 없었다. 한국 아이들을 키워주는 고마운 버클리 씨 댁에 나쁜 일이 생긴 건 아니기를 간절히 바랐다. 말 못할 사정이 있는지, 더 이상 연락을 하는 게 예의가 아닌지 알 수가 없어 안타까운 마음으로 비행기에 올랐다.

'그래, 차라리 아니 만나는 게 나을 수도 있겠지….'

버클리 씨 가족을 다시 못 보게 된 아쉬운 마음을 달래며,

'세 번째는 아니 만났어야 좋았을 것이다.'라는

어느 수필의 한 구절을 떠올린다.

(2016.6.25.)

감정노동자의 눈물

작년 여름, 퇴근 무렵이었다. 외래수간호사가 다급하게 보고할 게 있다고 왔다. 외래진료실에 근무하는 직원(보조원, 이하 직원)이 사내용 메신저 대화창에 환자에 대해 '미친x'이란 표현을 썼는데 그 환자한테 들켜서 진료 중 난리가 났단다. 난감해서 어찌해야 좋을지 몰랐다. 환자는 얼마나 화가 났을지 상상하기도 힘들었다. 직원은 이미 야단을 맞을 만큼 맞았다고 했다. 성실하고 착해서 동료들 사이에서뿐 아니라 환자로부터 칭찬을 많이 들어 왔는데 그런 표현을 쓰다니 의외였다.

2016년 7월 어느 날, 그 환자가 예약한 두 시간 전에 진료준비실로 와서, 지방에 가야 하니 진료를 빨리 봐 달라고 관련 직원들에게 요구했다. 그러나 예정된 다른 환자들의 진료가 지연되자, 그 환자는 진료실 출입문 앞에서 팔짱을 끼고 직원을 지켜보면서 빨리 진료를 보게 해 달라고 계속 채근하였다. 진료가 지연되니 환자들의 불만은 많아지고, 모든 환자가 전광판을 응시하며 자신의 이름이 올라가기를 바라고 있어서 중간에 끼워 넣기가 어려웠다. 한 시간이나 지연되고 있었지만, 신경을 써서 그나마 원래 예약한 시간에 볼 수 있게 됐다. 진료를 받게 된 환자는 담당의사에게 "일찍 와서 부탁했는데 이제야 보게 됐다."며 비꼬는 말투로 불평을 했다. 진료실뿐만 아니라 진료준비실(진료실 옆방)에 가서도 관련 직원들에게 재촉한 상태여서 다른 직원들도 그 환자에 대해서 알고 있었다.

한 달 후, 그 환자가 검사 결과 확인 차 진료를 보러 왔다. 지난번에 진료를 늦게 봐 줘서 서둘러 지방을 가다가 교통사고가 났는데, 모든 책임이 직원에게 있다는 식으로 담당의사에게 직원을 비난했다. 옆에서 이야기를 들은 PA(의사보조)가 종전에 진료시간 문제로 소란이 있었던 기억이 나서 직원 간 일대일로 대화하는 메신저 대화창에 "아, 그때 그분"이라고 쓰자 직원은 "알아 그 미친x"이라는 답을 남겼다. PA의 컴퓨터 화면을 들여다보던 환자는 대화창의 "미친x"이라는 표현을 보자 본인에 대해 쓴 것이라는 강한 의심으로 누가 쓴 거냐고 PA를 다그쳤다. 건너편에 있던 직원이 "죄송합니다. 죄송합니다."를 연발하며 사과했고, 진료교수도 "이렇게 사과를 하는데 좀 봐주시라"고 했으나 받아들여지지 않았다.

환자는 마스크를 쓴 채 고객 상담실 담당자를 데리고 와서 직원을 다그쳤다. 직원은 많은 환자 앞에서 머리를 조아리며 사과했지만 받아들여지지 않았다. 환자는 대화창 내용을 인터넷에 올리겠다고 휴대폰 사진기를 꺼냈으나 이미 내용을 삭제한 뒤였다. 보호자는 간호사실에 전화해 잘못을 시인했다는 자료로 쓰고자 통화 내용을 녹음했다.

환자와 보호자는 병원의 고객지원팀에 불만을 제기하였고 수간호사와 나는 송구한 마음에 진땀을 흘리며 답변을 썼다. 어떤 상황에서든 욕설을 쓰는 건 잘못이고, 너무 죄송하고 면목이 없으며 앞으로 직원교육을 잘하겠다고 했다.

고객 불편에 대한 회신서를 보낸 후 고객지원팀 담당자가 추후 인사차 보호자한테 전화하자 "이제부터는 직접 연락할 일이 없고 법무법인의 변호사가 응대할 것"이라고 했단다. 아이고, 세상에 이런 일이! 직원이 용서 빌 기회를 달라고 수간호사가 환자에게 여러 번 연락을 시도하였으나 사과를 받지 않았다. 사태가 이렇게 되자 미안한 감정은 뒤로하고 직원을 보호해야겠다는 책임감이 들었다.

9월, 환자 측에서 직원을 모욕죄로 고소하여 경찰서에서 직원에게 연락했다. 난생처음으로 경찰서에 가야 한다니 직원은 물론 관리자인 수간호사와 나는 심한 스트레스를 받았다. 직원은 울고 다녔고, 법에 대해 잘 모르는 우리는 어떻게 대응해야 할지 답답하기만 했다. 오히려 일반인들은 이게 모욕죄가 성립되냐고 의아해했다. 수간호사는 실제로 혈압이 올랐고 나도 머리가 터질 듯했다.

10월, 경찰서에 간 직원은 진술서를 쓰는 내내 울었다고 했다. 동행한 법무팀장과 수간호사더러 나가 있으라고 경찰관이 강하게 말하는데도 "직원이 너무 불안해하니 정신적 안정을 위해서 함께 있어 줘야 한다."고 법무팀장이 사정하며 옆에서 아버지처럼 도와줬다고 했다. 감동이었다. 수간호사는 내게 수시로 보고해 주었다. 이후 경찰에서 양측에 합의 의사를 물었으나 환자 측에서 거부하여 조정위원회는 무산되었다고 했다.

12월 첫 주말에 지방으로 가던 중 수간호사로부터 연락이 왔다. 검사가 약식기소하여 벌금형(30만 원)을 받았다고 했다. 합의금으로 500~600만 원을 예상하다가 30만 원이라는 적은 금액과 더 이상 고민하지 않아도 된다는 사실에 직원과 수간호사는 기뻐했다. 1년에 500만 원을 모으는 것도 힘든 직원은 전과기록이 남더라도 벌금액이 적음에 안도했다. 게다가 벌금형은 2년이 지나면 실효된다는 법무팀의 설명에 안심하고 있었다.

나는 뭔가 개운하지 않았다. 처음부터 변호사가 맡았으면 무죄를 받을 수 있지 않았나 하는 미련이 남았다. 주말 내내 이 일이 머리를 떠나지 않았다.

형의 실효에 대해 인터넷으로 검색해 보았다. '벌금형은 2년이 지나면 실효되어 범죄경력조회(전과조회)를 해도 기록이 나오지 않는다.'는 법조문은 있으나 벌금액에 상관없이 전과기록은 평생 남는다고 한다. 취업 시 불이익을 받거나 이민 관련 외국 정부에서 전과기록을 요구하는 사례도 있었다. 이런 사례와 함께 "아직 살아갈 날이 많은 젊은이인데 전과자로 살라는 건 너무 가혹하다. 또한 환자위해사건 발생 시 과실 치상이나 치사, 주의의무위반 등 형사 건으로 입건되면 의료진이 100 퍼센트 잘못해도 병원에서 변호사를 선임해 준다. 이 사건은 상황이 다르지만 진료 중에 일어난 일이니 개인적인 일로 치부하지 말아 달라. 오히려 직원이 피해자일 수도 있으니 법무팀에서 정식재판을 맡아 달라."고 법무팀에 메일을 보냈다.

나는 병원집행부의 일원인 암병원장과 진료부원장을 만나 읍소했다. 직원복지 차원에서 정식재판을 받을 수 있도록 도와달라고 사정했다. 요청이 받아들여져 법무팀 변호사가 맡기로 하고 정식재판을 청구하게 되었다.

그 사이 환자 측에서는 약식명령을 근거로 민사소송을 제기했다. 사용자 책임을 물어 병원과 직원에게 500만 원의 위로금과 소송비용을 내라고 했다.

2017년 4월 14일, 간호과장으로 근무하는 마지막 날이었다. 참담한 기분으로 짐 정리하던 중 법무팀장으로부터 전화를 받았다. 모욕사건 1심 재판에서 무죄 판결이 났다고 했다. 순간 "대한민국만세"를 부르며 환호했다. 내가 처한 비통한 상황에서도 직원이 무죄 판결을 받았다는 사실이 그렇게 기쁠 수가 없었다. 영원히 기억될 날이었다.

모욕죄는 '공연히' 사람을 모욕한 경우에 성립하므로, 1:1 사내 메신저로 대화한 부분은 전파될 가능성이 없다고 변호사가 변론하였고, 판사는 전후 상황을 보았을 때 공연성이 없어 모욕죄가 성립하지 않는다고 판단을 내렸다.

'병원 메신저로 환자 흉본(욕한) 간호조무사 무죄'라는 소제목으로 여러 매체에서 기사를 실었다. 기사에는 많은 댓글이 달렸는데, 직원보다는 환자를 비난하는 내용이었다. '사과 받고 끝내면 되지 소송까지 가느냐. 갑질이다.'라고.

처음엔 약식기소를 한 검사가 원망스러웠는데 환자 측 변호사가 작성한 소장만 봤을 땐 그런 판단을 할 수도 있겠다는 생각이 들었다. 공연성이 무엇인지 모르는 상황에서 진술서를 쓸 때 적극적으로 항변한다는 건 불가능했다. 1심의 무죄 판결에 불복하여 검사가 항소했다.

2심에 대응해야 하는데 이번에는 법무팀에서 직접 변론 대신 조언만 하겠다고 했다. 변호사법에서 사내변호사가 직접 수행할 수 있는 사건에 제한이 있어 형평성 때문이라고. 내 마음은 급해졌다. "애써 얻은 판결이 2심에서 뒤집힐 수도 있고, 그 결과가 민사소송 금액에 영향을 미칠 수도 있으니 2심도 직접 맡아 달라."고 법무팀에 사정하는 메일을 보냈다. 우여곡절 끝에 법무팀 변호사가 맡기로 했다.

6월, 외국에서 열린 국제학술대회 참석 중 법무팀으로부터 문자를 받았다. 형사소송의 무죄 판결과 별개로, 민사소송에서 위로금 차원의 조정금액이 50만 원으로 제시되었으며 비용은 직원이 내야 한다고 했다. 나는 만사를 제치고 답을 썼다. "직원에게 돈을 내라고 하면 미안해서 무조건 낼 것이다. 그러나 그동안 개인적으로 고통을 받을 만큼 받았고 경제적으로도 어렵다. 지금까지 병원에서 잘 도와줬는데 50만 원 때문에 야박하다는 느낌은 주지 않았으면 한다. 상대방은 직원과 병원 모두를 상대로 손해배상청구를 했으니, 배상액은 병원에서 지급하는 것으로 결재를 올려 봐 달라."고.

7월, 2심의 무죄 판결 소식과 함께 민사소송 위로금도 병원에서 지급했다고 연락받았다. 결국, 검사가 상고하여 대법원까지 갔다. 보통은 대법원에서 판결이 달라지지 않는다고 하지만, 대법원에서 판결이 뒤집힌 의료사고 소송사례를 들며 끝까지 법무팀 변호사가 맡게 해달라고 내가 먼저 법무팀에 메일을 보냈다. 이의 없이 그대로 받아들여줬다.

2017년 9월 21일, '검사의 상고를 기각한다.'는 대법원 판결이 났다. 피고인은 무죄.

직원은 늘 미안해하며 포기하려고 했는데 여기까지 끌고 왔다. 대법원 판결을 끝으로 내게 감사하다며 인사 왔을 때 물어봤다. 평소에도 '미친x'이란 말을 쓰냐고. 진짜 그런 말은 처음 썼노라고 했다. 그 말에 위안이 되었다.

기사의 댓글에서 보듯 직원의 사과로 끝낼 일인데

감정노동자, 약자라는 이유로 엄청난 시련을 겪었다.

직원은 병원에서 지켜 주고, 고객은 성숙한,

그런 세상이 오길 바라 본다.

– 병원신문, 오피니언, 기고, 2018.1.22. –

3부

활력징후

활력징후

"바이탈 사인(Vital Signs)은?"

이라고 다급한 목소리로 외치는 의학 드라마 속 대사가 익숙하게 들릴 것이다.

환자의 생리적 상태를 나타내는 혈압, 맥박, 호흡, 체온의 측정값을 활력징후라고 한다. Vital의 어원은 라틴어 vita(생명)에 al(…에 관한)이 붙은 것으로, '중요한', '생명과 관련된' 뜻뿐 아니라 '치명적'이란 뜻도 있다.

간호사는 입원환자의 활력징후를 측정하는 데 많은 시간을 할애하고 있으며, 환자의 상태에 따라 측정하는 빈도가 다르다. 일반적으로 활력징후 변화가 없는 환자에게 '8시간 간격으로 활력징후 측정(V/S q 8 hrs)'이라는 처방이 있지만 담당 환자가 많고 다른 업무를 하다 보면 8시간이라는 간격을 정확히 지키기 어렵다. 물론 몇 시간 간격이라는 처방이 있어도 환자 상태가 불안정하면 처방과 상관없이 간호사는 더 자주 측정한다.

평간호사 시절에는 상태 변화가 없는, 안정된 환자의 활력징후를 반복 측정하는 일이 식상하게 느껴졌다. 그리고 밤근무 중 새벽 5시에 환자를 깨워서 혈압을 재는 일도 괴로웠다. 밤근무 자체도 힘들지만 일을 마무리하여 낮번에게 인계준비를 하느라 새벽엔 시간에 쫓겼다. 환자도 간호사도 모두 힘들어 했지만 그래야만 하는 줄 알았다. 당시엔 활력징후 처방이 '8시간 간격'일 때 측정하는 시간이 새벽 5시, 아침 9시, 오후 4시였다. 시간 간격이 균등하지는 않아도 근무조별 한 번은 측정했다.

20년쯤 전, 내과병동 수간호사일 때였다. 여전히 간호사와 환자는 새벽에 활력징후 측정하는 것을 힘들어 했다. '8시간마다'라고 꼭 새벽 5시에 측정해야 하는 건 아니란 생각이 스쳐갔다. 업무 규정을 바꾸자고 주장하려면 근거가 필요해서 연구를 시작했다.[1]

1단계에서는, 8시간 간격일 때 실제로 측정하고 있는 시간과 간호사가 판단하기에 바람직한 시간에 대해, 간호사 대상으로 설문조사를 하였다. 2단계에서는, 기존 시간과 바람직하다는 시간(오전 9시, 오후 4시, 밤 11시)에 측정한 활력징후의 변화와 수면양상을 조사 · 비교하였다. 새로 제시한 시간대를 간호사, 환자 모두 선호하였고, 새벽 5시에 측정하던 것을 밤 11시로 조정한 것이 수면에 도움이 되었다고 했다.

이 결과를 내놓으며 활력징후 측정 시간대를 바꾸자고 건의했다.

---

1 김영미 외(2000). 입원환자의 활력징후 측정시간 조정이 환자의 수면과 간호사의 업무만족에 미치는 영향. 임상간호연구, Vol.6(1).

얼마 후 간호부서 차원에서 'V/S q 8hrs'의 시간대를 '오전 9시, 오후 5시, 밤 12시'로 변경했다. 변화할 시점이 되었겠지만 이 연구 결과가 근거로 쓰였다. 이 경우는 환자 상태가 안정적일 때 해당된다.

내과간호과에서 근무할 때였다. 다른 과에서 환자가 수술 후 출혈로 사망에 이르자 소송을 제기했다. 소송 시작부터 활력징후 측정 시간 간격에 대한 의사의 처방과 간호사의 수행이 일치하지 않은 것을 핵심 쟁점으로 몰았다. 한 시간마다 네 번을 측정해야 하는데 두 번만 했다는 것이다. 그 당시 신입이었던 두 명의 어린 간호사가 몇 년간 법정에 불려 다니는 기막힌 상황이 발생했다.

'환자 상태가 안정될 때까지 15분마다, 그 후 1시간마다 4회, 그 후엔 4시간마다 활력징후 측정[V/S q 15min till stable, then q 1hr(x 4) → q 4hrs]'이라는 처방을 모든 수술 환자에게 적용할 때였다. 일반 병동에서 모든 수술환자에 대해 한 시간마다 측정 수 있는 여건도 안 되지만 그럴 필요도 없었다. 의사의 진술문에는 "통상 '1시간마다'라는 처방은 중환자실로 갈 경우에 해당된다."고 나와 있다. 그 간호과 지침서에는 해당 수술 환자에게는 4시간마다 측정하는 것으로 되어 있었다. 그동안 의사는 환자의 수술명이나 개별 상태를 고려하지 않고 일괄 동일한 처방을 해 왔고, 간호사는 소속 간호과에서 작성한 지침서에 따라 수행하고 있었다. 처방이 현실과 맞지 않는다고 무시해 온 관습이 문제였다.

몇 년간의 재판 후 1심과 2심에서 '(중략) 일반병실의 의료여건 상간호사는 의사의 특별한 지시가 없는 한 4시간마다 활력징후를 측정하는 것이 임상관행인 점 등에 비추어 간호사들의 업무상과실을 부정하여….'라며 무죄를 선고했다(2006고단5987; 2007노1686). 소식을 전해 듣고 다행이라 생각했다.

몇 년 후 내가 그 간호과로 전보되었을 때, 사건에 연루되었던 간호사 한 명이 복직하는 바람에 같은 부서에서 만나게 되었다. 소송이 끝난 게 아니라 대법원까지 갔단다. 그동안의 고생이 끝이 아니었다. 재판 받으러 갈 때는 혼자 서러울까 봐 수간호사와 동행하도록 했다. 그런데 결과가 뒤집혀 '업무상과실치사'라는 유죄 판결을 받고 벌금형이 선고됐다. '(중략) 피고인들이 1시간 간격으로 활력징후를 측정했더라면 출혈을 조기에 발견해 치료 받고 사망하지 않았을 가능성이 충분하다고 보아 3, 4회차 활력징후를 측정하지 아니한 업무상 과실이 있다고 인정하여(하략).'라며 원심판결을 파기하였다(대법원 2010. 10. 28. 선고 2008도8606 판결). 지난(至難)한 과정의 최종 결과였다.

이 사건 후 활력징후 측정 시간을 수술명에 따라 현실에 맞게 해달라고 진료과에 요청했다. 사건이 발생한 수술팀에서는 바로 수정했다. 그러나 협의가 안 되는 곳이 많았다. 내가 그 부서를 떠난 후에도 지지부진하다가 재작년에 후배 간호과장이 나서서 모두 깔끔하게 해결했다. 참 잘했다고 칭찬해 줬다. '15분마다 측정(회복실)'은 장소까지 구체적으로 명시했다. 수술명에 따라 처음부터 '8시간마다'라는 것도 있었다. 얼핏 보기에도 합당하다는 느낌이 들었다.

환자상태가 나빠지는 원인은 각양각색이겠으나, 일단 소송에 연루되면 활력징후 측정 간격이 처방과 일치했는지를 관건으로 삼는다.

의사의 처방이 현실적이지 않다면, 이의를 제기해서 처방을 합리적으로 수정하든지 아니면 처방대로 수행해야 한다. 임상관행이라고 무심코 지내다 예기치 않은 사건 발생 시 활력징후 측정 시간에 발목 잡혀 불리한 입장에 처하게 된다. 선배에게 배운 대로 수행하던, 그 어린 간호사들이 받았을 상처가 시간이 지난다고 쉽게 아물까?

상태 변화가 없는 환자의 활력징후를 반복적으로 측정하다 보면 의미 없는 일로 여길 수 있다. 그러나 일상적인 업무가 어느 시점에선 굉장히 중요하고 심각한 사건으로 변할 수 있다.

환자에겐 '생명과 관련된', 의료인에겐 '치명적인'이라는

번역이 딱 어울리는 바이탈 사인(Vital Signs)이다.

(2018.1.)

그것 보세요

핫백(hot bag)이라 부르는 찜질용 물주머니가 있다. 기원을 알 수 없는 그 빨간색 고무주머니는 온찜질이 필요하면 뜨거운 물을 넣고 냉찜질이 필요하면 얼음을 넣었다. 주머니의 입구를 죄는 장치가 있지만 뜨거운 물이 샐까 봐 늘 불안했다.

물주머니로 인해 환자가 화상을 입는다는 이야기가 가끔 들려왔다. 물주머니가 환자한테도 위험하지만 사건이 발생하면 간호사도 위험하다. 의사는 처방만 하면 되나, 물주머니를 사용하다 환자위해가 발생하면 간호사는 법적 책임을 지게 된다. 간호직원이 위험을 감수하면서까지 물주머니를 사용해야 할 이유가 없다는 생각이 들었다. 문제는, 만족할 만한 대체품이 없었다. 유일하게 전자레인지에 데우거나 냉장고에 얼려서 사용하는 젤 타입의 찜질용품이 병원에 공급되고 있었다.

우리나라에서 환자안전 활동에 불이 붙기 시작할 때였다. 뜨거운 물로 인해 환자와 간호사가 위험에 처할 가능성이 있다는 걸 알면서 그대로 두고 볼 수는 없었다. 우선 내가 맡은 부서에서는 물주머니를 사용하지 않기로 했다. 대신 전자레인지용 찜질팩을 사용하기로 했다. 물주머니는 모두 갖다 버리도록 하고, 혹시나 발견되면 지나칠 정도로 화를 내며 경각심을 갖게 했다.

우리 부서뿐 아니라 병원 전체에서 물주머니를 사용하지 말자고 회의에서 제안했다. 그러나 젤 타입은 전자레인지에서 터질 위험이 있고, 대체할 만한 용품이 없으므로 어쩔 수 없다고 오피니언 리더인 선배들이 반대했다. 나는, 젤 팩이 터진다 해도 전자레인지 안에서 터지지 꺼낸 후에 터지는 건 아니니 빨간 물주머니보다 안전하다고 의견을 냈다. 그러나 연차가 낮은 내 의견은 받아들여지지 않았다.

얼마 지나지 않아 응급실에서 어린아이가 물주머니로 화상을 입은 사건[1]이 발생하여 난리가 났다. 나는 '그것 보세요!'라고 속으로 외쳤다. 판결문에 나온 사실관계를 요약하면 다음과 같다.

> 환아의 손등에 정맥주사를 맞은 자리가 부어올랐다. 담당 간호사가 바쁜 상황이어서, 동료 간호사가 보조원에게 물주머니에 물을 담아 오도록 하여 환아의 손등 주사부위에 대어 주었다. 물주머니에서 물이 새어 나와 환아의 우측 하지에 치료기간을 알 수 없는 3도 열탕화상을 입게 하였다.

결국 담당 간호사를 돕느라 물주머니를 얹어 준 동료 간호사가 소

---

1 2007형제130479 업무상과실치상, 2006가단279380 손해배상

송을 당해 법정에 불려 다니는 고초를 겪었다. 형사소송에서 벌금형을, 민사에서 화해 권고금으로 판결을 받았다.

이 사건이 발생하자 병원 집행부에서 물주머니 사용의 문제점을 인식하고 다른 방법을 찾자고 했다. 그제서야 이 빨간 물주머니는 병원에서 사라지게 되었다. '위계질서가 아닌 팀, 팀원의 의견에 귀 기울여야 한다.'라는 환자안전지침을 되새기게 하는 사례이다. 이후 병원간호사회에서 환자안전을 주제로 강의(보수교육)할 때 빨간 물주머니를 아직 사용하는 병원이 있는지 물어보곤 했다.

환자상태가 위중할 때 도파민, 도부타민 같은 약제를 중환자실에서 많이 사용한다. 이 약물은 보통의 약제와 달리 용량계산 공식이 복잡하다. 병동에서도 환자상태가 위급할 때 사용하는데 익숙하지 않을 뿐더러 다급한 상황에서 용량계산이 틀리기 쉽다.

환자안전 활동을 이끌던 나는, 컴퓨터로 용량계산 프로그램을 만들자고 관리자 회의에서 제안했으나 기각 당했다. 새로운 방법을 도입할 때 신중에 신중을 기함은 당연하다. 숫자를 잘못 입력하여 과량투여할 위험성이 있고, 용량계산을 못 해 전산프로그램을 만든다는 건 간호사로서 자존심 상하는 문제라고 했다.

나는 "바보도 따라 할 수 있게 시스템을 만들어 주는 것이 안전의 기본이다."라고 강조하며, "계산 프로그램에 숫자 입력할 때 발생할 수 있는 오류의 위험은 자릿수 제한을 두어 예방할 수 있고, 두 사람이 수기로 계산한 후 컴퓨터 답과 맞춰 보면 된다. 경쟁병원에선 이런 프로그램을 이미 사용하고 있다."라고 설득했으나 받아들여지지 않았다. 답답했다. 사무실로 돌아와 "다음 회의에서 이 건을 다시 제안할 테니 힘 좀 실어 주십사."하고 부서장께 전화로 사정했다. 가슴 졸이며 작전을 편 덕에 겨우 통과되어 전산 프로그램을 만들게 되었다. 이 역시 연차가 제일 낮을 때였다.

얼마 후 중환자실에서 투약오류가 보고되었다. 도파민 용량계산의 오류였다. 익숙한 계산식이라 전산프로그램을 사용하지 않고 수기로만 계산했다고 했다. 나는 '그것 보세요!' 라며 속으로 또 외쳤다.

병원에서 '위계질서가 낮은 팀원의 의견에

귀 기울여야 한다.'라는 환자안전지침은

아무리 외쳐도 지나치지 않다.

나 스스로에게 되묻는다.

'귀를 열고 받아들일 준비가 되어 있는가.'라고.

(2018.3.)

환자안전지킴이

환자안전, 피할 수 없는 세계적인 추세이며 의료기관을 평가하는 중요한 요인이다.

2004년 하반기, 우리나라에서 '의료기관평가'가 시작될 때 그동안 사용하던 '위험관리' 대신 '환자안전'이라는 용어를 사용했다. '환자안전 보장활동'이라는 평가문항이 점수에는 포함되지 않는 시범문항으로 등장했다. 평가원에 보낸 질의서에 위험관리와 환자안전의 차이가 무엇인지 정의를 내려 달라는 요구가 있었으니, 이 단어가 우리나라에서 공식적으로 처음 선보인 셈이다.

새로운 개념인 환자안전 활동은 부서에서 연차가 낮은 내가 맡게 되었다. 그렇게 시작한 환자안전 활동을 1주기 평가가 끝난 후에도 계속 담당하게 되었다.

1주기 의료기관평가에서 '안전사고 관리체계'라는 평가문항의 하위 항목으로, 안전관리에 대한 예방지침, 위원회, 보고서 양식지, 보고체계가 있는지를 평가했다. 처음 받아 보는 평가라 다들 어떻게 해야 할지 난감해했다. 준비기간이 짧아서 질보다는 정답 범위 내에서 점수를 잘 받기 위해 노력하였다. 병원의 평가가 간호사의 노력에 달린 듯 있는 힘을 다해 점수는 잘 받았다. 당시엔 점수로 병원 줄 세우기를 했는데 우리 병원이 1등을 했다고 야단법석이었다.

2주기까지는 '의료기관평가'라는 이름으로 시행되었으나 그 뒤로 '의료기관인증제'로 명칭이 바뀌었다. 지금은 없어졌지만, 입원환자나 보호자에게 의료진의 의료행위 여부나 서비스 만족도에 대해 직접 물어보는 항목이 많아서 좋은 답을 유도하느라 안간힘을 썼다. 다른 직종은 해당되는 항목이 그리 많지 않았다. 대부분 간호사와 관련되다 보니 간호사들은 지칠 대로 지쳤다. 오죽하면 '의료기관평가 없는 세상에서 살고 싶다.'고 할 정도였을까. 평가 준비 스트레스로 많은 사람들이 악몽을 꾸기도 했다. 나도 그랬다.

1주기 의료기관평가를 준비하면서 환자안전 지침서 제작, 보고서 양식 개발, 보고체계 수립 등의 관리체계를 만들었다면, 평가가 끝난 후 2005년에는 그야말로 환자안전문화 확산에 중점을 두었다. 환자안전을 주제로 전 직원 대상의 직무교육, 병동별 집담회, 보수교육, 수간호사 워크숍을 실시하였다.

이러한 활동에도 불구하고 간호사들이 투약원칙을 지키지 못하는 경우가 많았다. 한 가지 예로, 투약한 후에 서명하는 게 원칙이나 앞으로 생길 수 있는 바쁠 때를 대비해서 미리 서명하는 일이다. 수간호사 워크숍에서 이 주제는 상반된 의견으로 갈렸다. '원칙이므로 지켜야 한다.'와 '현장은 너무나 바쁘기 때문에 간호사에게 원칙을 강요할 수 없다.'로 팽팽하게 나뉘었다. 현장에서 일하는 간호사 본인의 의견을 물어보는 게 좋겠다는 부서장의 조언에 따라 간호사 워크숍을 계획했다.

환자안전 활동은 현장의 간호사가 주축이 되어야 하므로, 모범이 되는 중견 간호사를 병동별 대표로 선발했다. 선발되어 활약할 간호사의 호칭을 짓기 위해 위원들이 수차례 의견을 내고 모아서 '환자안전지킴이'로 결정했다.

2006년에 제1회 환자안전지킴이 워크숍을 실시했다. 환자안전에 대한 강의 후 스스로 전략을 짜게 하였다. "현장에서 늘 불안했는데 이런 모임을 지금이라도 만들어 줘서 고맙다."고 했다. 간호사들 반응이 의외였다. 투약 후에 서명하는 건에서, 수간호사 의견이 반으로 갈렸던 것과는 달리, '간호사 스스로를 보호하는 일인데 힘이 들더라도 원칙을 지키겠다.'는 일치된 의견을 내었다. 진행자로서 감동을 받았다.

스스로 계획한 환자안전 전략을 병동에 돌아가서 실행하고, 안전문화를 전파하는 임무를 수행하기로 했다. 투약원칙 준수, 안전문제 개선을 위한 건의, 안전지킴이들 간의 정보교환 등 일일이 나열할 수 없을 정도로 많은 일을 했다. 안전지킴이 활동을 소식지에 올려 홍보도 다양하게 했다.

모두 사명감을 가지고 열심히 활동했다. 간호부서 전체 위원회에서 실시하는 환자안전문화 향상활동[1]의 내용과 방법을 그대로, 규모만 소속 단위로 축소하여 야무지게 활동하는 중환자실의 환자안전지

1 김영미 외(2010). 투약간호 중심의 환자안전 프로그램 개발 및 평가. 간호행정학회지, 제16권(4).

킴이를 보고 감탄했다. "내가 우리 병동에서 실수를 가장 많이 했잖아. 그러니 다 이해한다고. 나한테 뭐든 솔직하게 얘기해." 이렇게 말하며 동료들에게 다가갔다는 병동 환자안전지킴이의 경험담도 인상적이었다.

해마다 의견수렴을 통해 활동주제를 선정하여 '환자안전지킴이 워크숍'을 실시하며, 환자안전지킴이는 병원장의 공식적인 위촉장을 받는다. 우리 병원의 환자안전지킴이 활동이 전국적으로 소개되어 퍼져나갔다. 이 활동의 성공요인은 간호사 스스로 참여하여, 환자안전이 곧 간호사의 안전임을 인식하고, 실수에 대해 비난하는 문화를 탈피하자고 설파했기 때문이라고 당시에 평가했다.

2006년에 보스턴에서 열린 간호리더십 프로그램에 참여했다. '환자안전'으로 유명한 보스턴 대나파버 암병원(Dana Farber Cancer Institute)의 관리자가 환자안전 활동을 소개하는데, 우리 병원의 환자안전지킴이와 비슷한 역할을 설명하면서 '유닛 챔피언(Unit Champion)'이라고 했다. 우리나라 여러 병원의 간호관리자들이 참석했는데 내가 큰 소리로 환호하며 자랑했다. 우리의 환자안전지킴이 활동이 세계적으로 앞서가는 시스템이라고.

다른 환자에게 투약이나 처치를 수행하는 오류를 예방하기 위해, 두 가지 방법(성명, 진찰권번호)으로 환자를 확인해야 한다. 2013년에는, '정확한 환자확인'이라는 주제로 질 향상(QA) 활동을 했다. 환자안전지킴이가 병동의 비밀감시(모니터링)요원이 되어, 간호사의 환자확인 행동을 격월로 조사한 후 병동별 결과를 발표했다. 지속적인 활동으로 간호사의 환자확인 행동에 변화를 가져왔다. 행위의 습관화가 목표였다. 그해 원내 QA 경진대회에서 수상했으며, 환자확인 행동에 대한 논문[2]도 발표했다.

1주기 인증평가항목에는 없던 '정확한 환자확인'이라는 항목이 2주기에서는 환자안전 영역의 맨 위에 우선순위로 명시되어 있었다. 마치 우리가 규정을 만든 것처럼, 문제를 예상하고 QA 활동을 한 듯했다. 2년간 적극적으로 훈련한 덕분에 2014년 12월에 실시된 2주기 인증평가에 대비하기 수월했다. 2015년에는 환자 이송팀과 함께, '이동 시 정확한 환자확인'이라는 주제로 QA활동을 하여 원내 경진대회에서 대상을 수상했다. '환자안전지킴이'라는 제도가 그랬듯이 우리가 수행한 모든 QA활동도 시대를 앞서갔다.

2017년 봄에 제12회 환자안전지킴이 워크숍이 열렸다. 내가 진행하는 마지막 워크숍으로 감개무량했다. 시작부터 지금까지 병원에서 맹활약하고 있는 환자안전지킴이들과, 위원회 활동을 함께한 헌신적인 위원들께 참 감사하다.

---

2 김영미 외(2014). 간호사의 환자확인 행동 관련 요인 및 개인-조직 가치일치 분위기의 상호작용 효과. 대한간호학회지, 제44권(2). 제26회(2015년) 대한간호학술상 수상.

그들에게 말해 주고 싶다.

'우리는, 환자안전에 공헌한, 역사의 주역이었음에

자부심을 가집시다.'라고.

(2017.11.)

기록이 말한다

간호기록(charting, documentation)의 역할은 다양하다. '의료진 상호 간의 의사소통 도구'라는 점이 강조되며, 간호실무 수행지표, 기관의 평가, 보험 상환 요청 등과 함께 간호사를 보호하는 법적 근거로 이용된다. 의료분쟁 발생 시 업무수행 여부를 객관적으로 판단할 수 있는 가장 중요한 근거이다. 실제로 간호현장에서 간호사들이 바쁘게 뛰어다니면서 열심히 업무를 수행하고도 기록을 누락하는 경우가 허다하며, 기록 누락으로 소송에서 억울한 상황에 처하기도 한다. 의료 소송에 직 · 간접적으로 연루되어 고통을 겪으면서도 기록을 어떻게 해야 하는지 잘 모른다.

간호기록 방법에 대한 교육이 대부분 신입 오리엔테이션 기간에 이루어지나 법적 측면에 대한 언급이 없던 시절이었다. 우리나라 대형병원의 교육담당자들에게 물어보니 '법에 대해 아는 게 없어서 교육을 못 한다'고 했다. 간호사를 보호하고 궁극적으로 환자 돌봄을 향상시키려면 기록의 원칙과 중요성에 대해 간호사를 교육하는 것이 필요하다고 생각했다. 법적인 역할이 점차 커짐에도 구체적으로 기록방법을 가르쳐 주는 서적을 찾을 수 없었다.

수간호사 시절, 우리 병원에서 종이 차트를 사용하던 1998년에 미국 보스턴의 '브리검 앤 위민스 병원(BWH)'으로 연수를 갔다. 근처 하버드 협동조합(Coop) 서점에 자주 들렀는데, 그곳에서 눈에 띈 책이 있었다. 제목이 'Charting made Incredibly Easy!'[1]로 법적 관점에서 간호기록을 어떻게 해야 하는지에 대한 내용이었다. 크기도 아담하고 만화 형식으로 그림과 글이 함께 디자인 되어 가벼운 마음으로 책을 샀다. 어느 누구도 가르쳐 주지 않아 답답해하던 내용이 들어 있었다. 2006년에 보스턴의 하버드 협동조합에 다시 갔을 땐 같은 제목으로 그해 새로 발행된 책이 나와서 또 샀다.

간호사 교육 전 단계로, 법적 관점의 간호기록 작성방법에 대한 지식측정 도구개발 연구[2]를 했다. 미국에서 사 온 책이 안내서가 되었다. 간호기록에 대한 개념분석을 한 후, 법적인 관점에서 간호기록 작성 시 누가, 언제, 무엇을 어떻게 작성해야 하는지(do's)와 기록해서는 안 되는(don'ts) 지침을 정리하였으며, 간호과정에 따른 기록의 중요성을 강조하였다.

이 연구를 원내 임상간호연구 경진대회에 응모했다. 임상에 있는 간호사들은 현장에서 꼭 필요한 내용이라며 환호했다. 그러나 실험연구가 아니라고 바닥 점수를 준 심사자가 있어 겨우 발표할 기회를 얻었다. 총

---

1 Cahill,M.(1998). Charting made incredibly easy!, Springhouse Corporation, Springhouse, Pennsylvania, 1~8, 205−215.
McCann, J.A.S.(2006). Charting made incredibly easy!(3rd ed.). Lippincott Williams & Wilkins, Philadelphia.

2 김영미(2007). 병원간호사의 간호기록 작성방법에 대한 지식측정도구 개발 − 법적인 관점에서−. 임상간호연구, Vol.13(2). 제23회 임상간호학술대회 우수논문상 수상.

평에서는 "이런 주제가 무슨 논문거리냐?"라고 해서 분위기가 썰렁해졌다. 모 학회지에서도 논문의 주제로 적절치 않다며 게재를 거부했다. 간호 현장에서 뭐가 중요한지 모르는 일부 교수들이 야속했다. 다시 병원간호사회에서 발행하는 학회지인 '임상간호연구'에 투고했다. 여기에서는 우수 논문으로 선정되어 총회에서 구두로 발표하는 영광을 얻었고 청중의 뜨거운 관심을 받았다. 발표회에 참석한 간호부서장들로부터 즉석에서 강의 요청을 받기도 했고, 나중에 강의를 부탁하는 곳도 있었다. 참고문헌을 찾다가 발견했다며 자신의 연구도구로 사용하게 해 달라는 요청도 꾸준히 있다. 최근에 인터넷 검색 중 한 의학신문(메디뉴스, 2010.1.20.)에 이 논문 내용이 소개된 것을 우연히 발견하고 놀랐다.

당시 내과간호과에서 근무했으므로 내과병동에 배정받은 간호사들을 따로 모아 이 도구를 이용하여 교육했다. 매월 반복하는 일이라 쉽지는 않았는데 그 열정이 어디서 나왔는지 돌이켜 생각하니 놀랍다. 간호기록 관련 판례를 강의 자료로 사용했다. 활력징후(vital signs: 혈압, 맥박, 체온, 호흡)를 측정했다고 아무리 주장해도 기록에 없으면 법원에서 인정하지 않은 판례(2000가합1108손해배상)와 다른 사례들을 소개해 주었다.

'(중략) 민 · 형사 소송에서 불리해질 것을 우려, 기록을 조작한 간호사들에게 징역형(집행유예)과 벌금형을 내렸다.(하략)'는 기사(한겨레신문, 2004.1.16.)가 있어서 상황을 알아보았다. 환자 상태가 악화되어 의사를 상대로 소송을 걸었는데 간호기록지 대필로 인해 간호사가 휘말린 사건이었다. 중환자실로 옮겨가기 전에 병동에서 응급조치를 할 경우 워낙 다급하므로 기록을 누락하는 일이 빈번하다. 요약하면 다음과 같다.

간호기록의 특성 상 삽입이 어려워, 다음 날 원본 내용을 그대로 옮겨 적되, 빠뜨린 내용을 시간대별로 맞추어 다시 적기로 하고, 퇴근한 밤번 간호사의 기록을 대필하고 원본을 버렸다. 참고인으로 진술하러 갔다가 대필된 것이 밝혀져 밤번 간호사, 낮번 간호사, 수간호사가 사문서 위조와 증거인멸로 기소되었고 수간호사는 법정구속까지 되었다.

최근에 지인을 통해 들으니 간호사들이 항소하여 무죄 판결을 받았다고 한다. 그러기까지 얼마나 많은 고통을 겪었을까.

부지(不知), 법을 모르기 때문이었다. 행위자가 자기가 무엇을 하는지는 알고 있으나, 자기 행위가 법적으로 금지하고 있는 금지 규범인지 모르고 행위를 한 경우를 '법률의 부지'라고 한다. '법의 무지는 용서받지 못한다.'라는 말도 있다. '병원이 진료기록 원본과 수정본을 모두 남기고 전자 접속 기록까지 보관하도록 하는 법안이 해당 상임위를 거쳐 법사위에 올라와 올해 안에 통과될 것으로 보인다.'라는 뉴스(SBS, 2018.01.04.)를 보고 떠올렸다. "차트에 커피를 엎질러도 버리지 말고 수정본과 함께 보관해야 한다."라고 강의 때 내가 강조하던 말을. 미국에서 사 온 책에 있는 표현이다.

의료사고가 발생될 경우 간호사는 환자를 위해 가장 많은 일을 하고도 의심받는 위치에 처하게 된다. 뜻하지 않은 법적 · 전문적인 결과로부터 자신을 보호하기 위해 간호사들은 아무리 피곤하고 바쁘더라도 분명하고 정확하게 그리고 완전하게 기록해야 한다.

언젠가 들은, '또렷한 기억보다

희미한 기록이 더 중요하다.'는 말이

나의 신념(信念)이 되었다.

일상에서도 기록이 중요하지만,

간호에서 기록이 중요함은 두말할 나위가 없다.

(2018.1.)

사건보고서 사건

– 모든 사건은 소중하다 –

'OO대학병원 간호사의 수혈사고'

환자안전 강의 초반부에 강사들이 늘 언급하던 사건이다. 우리나라 환자안전 역사의 분수령이라고….

어린이병동 수간호사로 근무하던 1995년 2월, 내과병동 간호사가 수혈사고로 기소(起訴)되어 온 병원이 시끌벅적했다. 그 사건의 연장선으로 검찰 수사관은, 간호부 행정실에서 보관하고 있던 모든 사건보고서를 압수해 갔다. 오래전부터 병원에서 사용해 온 사건보고서는 환자 위해사건뿐 아니라 여러 종류의 사건 발생 시 서면으로 보고하는 질 향상 방법이다.

자잘한 내용까지 오랫동안 착실하게 모아 놓았으니 분량이 좀 되었던 모양이다. 압수된 보고서 중 우리 병동 사건도 들어 있었다. 이때 참고인으로 검찰에 불려가 모욕을 당했다는 간호관리자도 있었다. '사회정의구현' 차원인지, 담당 검사는 '간호사가 환자에게 위해를 가하는 부도덕한 집단'임을 세상에 알리는 기자회견까지 하였다. 저녁 9시 TV 뉴스에서 방송됐고 유력 일간지에서도 대서특필했다.

그날 이후 대한민국의 모든 병원에서 사건보고서가 사라졌다. 오류가 발생하면, '낮말은 새가 듣고 밤말은 쥐가 듣는다.'라는 속담을 떠올리며 낮은 소리로 비밀스럽게 보고하고 조심스럽게 내용을 전달했다. 이때부터 의료기관평가가 시작된 2004년 하반기까지는 환자안전관리 측면에서 대한민국 의료계의 암흑기였다. 잃어버린 10년이었다.

담당 검사는 사건보고서를 작성한 간호사뿐 아니라 해당 환자의 주치의까지 모두 의료법위반으로 기소했다. 의료기록으로 남기지 않았다는 이유였다. 관련된 의사들한테 얼굴을 들 수가 없는 상황이었다. 우리 병동 사건은, 동일한 약품명으로 주사 경로가 다른 약을 투여한 경우였다(수기로 작성하던 시절에 의사의 처방전이 명확하지 않았고, 간호사가 약물 혼합 시 양상이 이상하여 약국에 전화로 문의하였으나 약사가 옳다고 하여 투여한 사례). 우리 병동 간호사가 재판받으러 갈 때는 나도 동행했다. 젊은 간호사가 법정에서 울고 있는 모습에 너무 괴로웠다. 법정이라는 곳에 처음 가 봤다. 법적으로, 내부 기밀문서는 제출하지 않아도 된다는 사실을 나중에 법조계 지인을 통해 알게 되었다. 법을 몰라서 당한 일이었다.

그 사건을 접하면서 '간호행정(Nursing Administration)'[1] 책에서 읽은 문구가 떠올랐다. "내부용 보고서(예, 환자 결과가 나빠진 경우, '그 간호단위에 간호사 추가 배치가 필요한 상황이었다.'라는 문구)가

---

1 Phillip J. Decker & J. Sullivan.(1992). Nursing Administration: A micro/Macro Approach for Effective Nurse Executives. by Eleanor Appleton & Lang.

의료소송에서 관련 검사의 손에 들어가면 법적으로 이용될 수 있다." 라는 대목이었다. 사건보고서는 내부용 보고서이다. 이 사건이 발생하기 몇 년 전, 보스턴에서 연수 중일 때 구입한 책인데, 계산할 때 서점 주인이 "막 새로 나왔다(brand new)."라고 강조하던 생각이 난다. 한국에 가져와 간호관리학 교실의 교우들과 함께 번역도 했다. 이 사건을 겪으면서 간호사에게 법률 상식이 필요함을 절실히 깨달았다.

우리나라에서는 의료기관평가가 시작되면서 '환자안전'이라는 용어가 등장했다. 그 당시 평가를 앞두고 '안전사고 관리체계'라는 평가 문항의 하부 항목인 '사건보고 절차'와 '보고서 작성'이 시급히 해결해야 할 문제였다. 오류에 대한 언급조차 금기 시 하다가 이때부터 환자안전에 대해 폭발적인 관심을 갖고 대책을 세우기 시작했다. 우리 병원의 '사건보고서 사건' 사례를 보더라도 법적, 제도적 보호가 없는데 오류에 관한 문제를 공개적으로 논의할 수 있었겠는가?

당시 모 사립 대형병원에서는 비밀 · 무기명 입력의 사건보고서 전산프로그램을 개발하여 '질 향상'부서 주관으로 사용하기 시작했다. 보고서 작성을 독려하는 측면에선 좋은 방법인데 현장 부서에서 주도적으로 시스템을 개선한다든지 직원을 교육하기엔 한계가 있었다.

우리는 10년 전에 사라진 사건보고서의 형식부터 다시 만들기로 했다. 외국 병원의 보고서 형식, 교과서에 실린 사례 등 여러 문헌을 찾았다. 직원 입장에서 작성하기 쉽고 통계나 시스템 개선에도 유용하게 만들고자 수차례 수정을 거쳐 완성했다. 내가 맡은 위원회의 구성원들이 열과 성을 다했다. 전국의 병원에서 보고서 형식을 다시 만들어야 했으므로 요청하는 병원에는 보내 주었고, 여러 강연에서 소개도 하고 지금까지 기본 틀로 잘 사용하고 있다.

2015년에는 우리나라에서 환자안전법[2]이 제정되었으니 굵직한 사건들이 10년 주기로 발생한 셈이다. 사건보고서 사건, 의료기관평가, 환자안전법 제정, 이 모두 우연의 일치인지 10년 간격이다.

그 사건보고서 사건의 영향이 너무나 커서 문제의 발단이었던 수혈사고에 대해선 다들 잊고 있었다. 게다가 나는 우리 병동 사건으로 정신이 없어 다른 데 신경 쓸 여유가 없었다. '수혈사고'라고만 전해 듣고 자세한 내막은 몰랐다. 또한 오류에 대해선 교육차원에서라도 언급할 수 없던 시절이었다. 오랜 세월이 흐른 뒤 환자안전 강의 준비를 하다가 그 유명한 '사건보고서 사건'의 발단이 되었던 수혈사고 판례를 보게 되었다. 당시엔 수혈 시 전혈[3](whole blood)을 수혈하는 경우가 많아 당연히 수혈부작용이 나타났으리라 짐작만 했다.

간호사가 다른 환자에게 주입할 B형 신선동결혈장(fresh frozen plasma)을 혈액형이 O형인 환자에게 연결하였다. 곧바로 잘못을 발견했고, 발견 즉시 중단하여 약 10cc 정도가 주입되었다. 혈구가 아닌 혈장이었다. 의료소송이 흔치 않던 때였는데 환자상태가 나빠진 게 수혈부작용 때문이라며 보호자가 소송을 제기했다. 2년여의 재판 끝에 간호사는 무죄 판결을 받았다. 판결문의 일부이다.

'(중략) B형 혈장 약 10cc로 인하여 용혈성 수혈부작용이 발생하였

---

2 환자안전법: 환자안전사고에 대한 국가 차원의 체계적인 관리시스템 구축을 위해 제정(법률 제13113호, 제정: 2015.1.28., 시행: 2016.7.29.).

3 전혈: 적혈구 · 백혈구 · 혈장 · 혈소판 등 혈액의 전체 성분.

다고 인정하기에 부족하고 달리 이를 인정할 증거도 없으며, 피해자에게 나타난 피부가 가렵고 붉은 반점이 나타나는 증상은 수혈부작용에 의한 것이 아니라 피해자의 지병인…(하략).'[4]

환자안전법의 목적에 '환자안전 사고에 대한 보고체계 마련'이라는 문구가 있다. 그만큼 중요하고 기본이 되는 보고서를 10년 동안 사용할 수 없었으니 환자안전의 암흑기라 할 수밖에. '사건보고서 사건', 참사였지만 많은 교훈을 주었다. 사건에서 얻은 교훈으로 유사한 사건을 예방할 수 있기 때문이다.

---

4 항소심. 서울중앙지방법원 1997. 6. 18. 선고 96노6330 판결.

의료계의 핵심 주제인 '환자안전'의 역사적 사건을 경험한 세대로서, 환자안전 강의 때마다 강조한다. '모든 사건은 소중하다.'라고.

(2017. 12.)

의료기기

전쟁에선 무기가, 의료현장에선 의료기기가 필요하다. 그 종류도 다양하다. 2004년에 내과간호과로 발령이 나서 병동의 제반 상황을 파악하던 중이었다. 환자의 중증도는 높은데 첨단 기기를 구비하고 있는 중환자실에 비해 의료기기 보유 수준이 너무 낙후되어 있었다. 일반병동에서 환자상태가 악화될 경우, 중환자실보다 응급조치가 더 힘든 상황인데, 그 점은 누구도 고려하지 않는다. 환자의 상태변화를 빨리 파악할 수 있는 환자감시(patient monitor) 기기가 수입품으로 한 대에 천만 원이 넘으니 일반병동에 사 줄 리가 없었다.

마침 병원의 전자기록 시스템 도입에 따른 의료기기 연동작업 때문에 중환자실에 있던 환자감시 기기를 교체한다는 소식을 들었다. 의공학과의 기기 담당자한테 내과 병동의 열악한 기기 실태로 인한 어려움을 호소하며 도와달라고 사정했다. 이메일도 여러 번 보냈다. 담당자는 의료기기 보유량과 현장을 직접 조사해 보더니 “야전병원 수준”이라며 내 말에 공감했다. 실태를 알고 나니 안 됐다고 생각했는지, 그 후 적극적으로 도와줘 중환자실에서 불필요하게 된 환자감시기기를 모두 내과 일반병동으로 배정해 주었다.

당시엔 천지가 개벽할 일이었다. 간호사들은 "발 뻗고 자도 되겠다."라며 중환자가 생겨도 든든하다고 했다. 더욱 놀라운 일은 병동순회 중, 그 기기를 달고 있는 쇠약한 모습의 환자분을 방문했는데 "이 기계를 달고 있으니 안심이 돼요. 감사합니다."라고 하는 게 아닌가. 어리둥절했다. 환자가 안심을 한다니! 자신의 상태변화를 지켜볼 수 있어서 안심이 되는 모양이었다. 예상하지 못한 일이었다. 나와는 안면도 없었는데 타부서 요청에 현장조사까지 하면서 도와준 의공학과의 이영철 선생님이 정말 고마웠다. 많은 세월이 흘렀는데 그동안 식사대접 한번 못 해 마음의 빚으로 남아있다.

환자가 침대에 누운 채 체중을 재는 경우가 많다. 당시 원내에 두 대의 수동 체중계가 있어 17개 내과병동에서 돌아가며 사용했다. 직원들은 체중계 빌리러 다니느라 힘들어 했으며, 체중을 재야 할 아침에 차례가 오기도 어려웠다. 부피가 커서 승강기 이용도 힘들었다. 이것도 수입품으로 한 대에 천만 원 정도 되니 사 주지 않았다. 10년 가까이 물품을 요청했으나 매번 거절되었다고 했다.

나 역시 물품 요구서를 내고 필요성과 수익성 그리고 사용현황을 작성하여 제출하기를 반복했다. 쇠약한 환자가 체중을 재러 침상에서 내려오다 낙상하여 민원을 제기한 사례도 서류에 첨부했다. 가격 때문이라고 하니 국산 제조업체를 소개받아 시험 제작도 해 봤다. 개발

과정의 제품을 테스트하던 중, 한 수간호사가 코뼈를 다치는 사고도 발생했다. 그 업체의 물품개발은 포기하고 다른 국산 제조업체를 찾아보다 드디어 사용 가능한 체중계를 발견했다. 그 후 예산 담당 부서를 지속적으로 설득하여 그해 하반기에 층별로 한 대씩 들여오게 되었다. 국산품이 수입품에 비해 가격도 저렴하지만 자동이어서 직원들의 근골격계 질환 예방에 많은 도움이 되었다. 오랜 시간 갈망하던 일이 해결되어 직원들이 무척 행복해했다. 국산 제조업체를 찾아내어 구매하기까지 간호부 물품을 담당하는 김민호 선생님의 도움이 없었으면 불가능했다. 간호현장의 어려움을 공감하고, 물품과 관련된 사안에 대해 어떻게든 방법을 찾아 주려고 애쓴 분에 대해 고마움을 잊어선 안 될 것이다.

요즘은 대부분 자동혈압계를 사용하지만 과거엔 수동(수은)혈압계를 주로 사용했다. 혈압 측정 시 팔에 감는 압박대(cuff)에 바람을 넣으려면 고무구(bulb)를 잡고 펌프질을 해야 하는데 몇 번 재고 나면 손아귀가 아프다. 언제부턴가 외과병동에서는 자동혈압계를 사용하고 있었으나 2005년 당시 내과병동은 수동형을 사용하고 있었다. 정확성 때문에 내과 교수진(순환기)이 자동혈압계 사용을 반대하였다는 설(說)과 예산부서에서 안 사준다는 설이 있었다. 이미 다른 부서에서는 자동혈압계를 사용하고 있으니 직원들은 억울하게 느꼈을 것이다.

그해 봄, 내과과장님을 찾아가 수동혈압계 사용현황에 대해 설명하고, 내과병동에서도 자동혈압계를 사용할 수 있도록 교수진을 설득해 달라고 요청했다. 동시에 의료기 수입업체로부터 자동혈압계 두 대를 빌려 순환기계 병동과 일반 병동 환자를 대상으로 1주일간 실험을 했다. 동일한 환자에게 자동혈압계와 수동혈압계를 사용하여 혈압 측정치를 비교하니 혈압계에 따른 차이가 없었다. 결과를 제시하면서 순환기 병동에서도 자동혈압계를 쓰는 데 동의를 받았다. 그 후 예산 담당 부서에 협조전을 보내고 반려되기를 반복하며 끈질기게 설득했다. 근골격계 회의체에 참석하는 직원에게도 자동혈압계의 필요성에 대해 힘을 실어 달라고 부탁했다. 전방위로 노력한 결과 이듬해에 자동혈압계가 들어오게 되었다. 지금은 당연히 있어야 하는 것으로 여기는 기기를 들여오기까지 이런 사연이 있었는지 누가 알까?

재활의학과 환자가 물리치료 받으러 가려면 침상에서 휠체어로 이동해야 하는데, 움직이지 못하는 환자를 옮기기가 쉽지 않았다. 직원들의 근골격계 위험을 초래하기도 하고 환자안전에 위협도 되어 좋은 기기가 있는지 알아보았다. 침상의 환자를 들어서 휠체어로 옮기는 물품(patient lift)을 찾아냈다. 의국을 통해 들여와 병동에 제공했다. 2006년도에 노동부에서 직원의 근골격계 관련 현장실사를 나왔을 때, 이 물건을 보고 조사관이 놀랐던 기억이 난다.

환자상태를 파악하는 혈중산소포화도감시 장치(SPO$_2$ monitor)와 환자에게 약물을 흡입시키는 분무기(nebulizer)가 있다. 의사의 처방은 빈번해도 기기는 늘 부족했고, 간호사들은 이 병동 저 병동에서 물품을 빌리느라 시간과 에너지를 낭비하고 있었다. 물품 빌리는 데 소모되는 일은, 간호사 활동 항목에 없어 인정도 못 받으니 억울한 일이다. 처방만 내면 당연히 수행되는 것으로 생각하는 의사와는 갈등이 생길 수밖에 없고 결국엔 환자가 피해를 보게 된다. 결재 가능성이 더 높던 의국을 통해 지속적으로 요청하여 2년 만에 기존 수량의 두 배 이상을 병동에 비치하였다. 이후 이 기기를 빌리러 다니는 일은 없어졌다고 했다.

환자감시 장치, 자동체중계, 자동혈압계, 혈중산소포화도감시 장치, 분무기 등 지금은 당연하게 사용하고 있는, 환자간호에 필요한 기기들을 구비하기 위해 10여 년 전엔 이런 노력을 했다. 환경에 순응했다면 언제쯤 가능했을지 모르겠지만, 수치로 드러나지 않는 고통을 간호직원들이 떠안고 지냈음은 분명하다.

'관료주의와 씨름하느라 후방에서 또 다른 전쟁을 치렀다.'는 나이팅게일의 전기를 떠올린다.

(2018. 2.)

집단감염사태의 교훈

모 대학병원 신생아 집단감염사태와 관련해 병원감염관리에 대한 뉴스가 헤드라인을 장식하고 있다. 저수가, 영리추구, 감염관리 실패 등 의견이 분분하다.

10년 전, 병원감염을 일으키는 원인균 중 독성이 강하고 반코마이신에 내성을 가진 균(Vancomycin-Resistant Enterococci, VRE)이 등장하여 병원마다 VRE 감염문제로 대책 마련에 고심하고 있을 때였다.

우리 병원에서도 병실 격리지침으로 VRE 환자끼리 같은 방에 두는 '병실 코호트[1]'를 하고 있었다. 상급병실(1인용이나 2인용)에 격리하기 위해 병실 간, 병동 간 환자를 모으고 배치하느라 많은 시간과 에너지를 소모하고 있었다.

다인용 병실에서 감염 환자가 발생한 경우 옆 침상을 비울 수밖에 없을 뿐더러 보험체계 상 VRE 환자가 입실한 상급 병실의 병실료를 받을 수가 없어 병원은 경제적 손실을 입는다. 이러한 상황에서 의

---

1 코호트(co · hort): 동일한 통계 인자를 가진 집단, 동일 연령 집단, 동일 수업 집단 등.
병실 코호트: 같은 균 감염 환자끼리 한 방에 모으는 것.

료의 질도 향상시키고 경제적 손실을 예방하기 위해 여기저기 흩어져 있는 감염 환자를 모아 다인용 병실에서 집중 관리하는 방안이 제안되었다.

내과계 병동에 병실을 만들어야 하니, 내과간호과장이던 내가 나설 수밖에 없었다. 기획팀, 건축과 등 여러 관련부서와 논의가 되고 있었다. 마침 대학원에서 간호관리학 과목 중 '의사결정론' 수업을 듣고 있던 때라 이 주제로 연구 보고서를 작성했다.

연구목적으로, 'VRE 격리 환자로 인한 상급 병실료 손실에 대한 비용을 추산하고, VRE 환자를 다인용(5 침상)에 모아 운영할 경우의 비용과 편익[2] 분석을 통해 경제성을 평가하여, 합리적인 정책결정을 할 수 있는 기초 자료를 제공하고자 한다.'라고 썼다. 보고서를 요약하면 다음과 같다.

> 감염환자를 한방에 모으는 다인용 병실을 운영함에 있어서 직접편익은 병실료 차액이다. 격리를 위해 상급 병실에 입원하지만 상급 병실료를 못 받는 손실 비용이 다인용에 입원할 때는 절약 비용이므로 편익이 된다. 또한 격리 병실료가 상급 병실료보다는 싸지만 다인용 병실료보다는 높으므로, 다인용을 이용할 경우 격리병실 적용이 되어 병실료 수입이 증가된다. 간접편익은 병상 순환이 원활해지므로 침상 손실 감소, 업무의 효율성 증대, 간호직원에 의한 VRE 전파 차단 등 전반적인 의료의 질 향상을 들 수 있다.

---

2 편익(benefits, 便益): 경제학에서 재화나 용역을 사용해 얻을 수 있는 이익이나 만족도, 혹은 그 만족도를 계량적으로 측정한 것.

감염환자를 한방에 모으는 다인용 병실을 운영함에 있어서 비용은 새로 투입해야 하는 간호사 인건비와 없어지는 1개 침상에 대한 병실료이다. 준중환자실 수준으로 3교대에 필요한 5명의 간호사와 스테이션을 설치하느라 없어지는 1개 병상의 병실료는 직접비용에 넣었다. 없어지는 1개 침상 때문에 받을 수 없게 된 입원환자 1명의 순수입과 병실 공사에 드는 비용은 간접비용의 범주에 넣었다. 병실 공사비용은 직접비용이나 액수가 미미하고 일시적이기 때문이었다.

총편익과 총비용을 구하였으며, 편익/비용의 비율이 1이 넘어 경제성이 있는 것으로 나타났다. VRE 환자 격리를 위한 다인용 운영방식을 선택하는 것이 최선이다.

연구보고서 형식으로 만든 자료와 발표용 자료를 의사 결정하는 데 참고하라며 기획팀에 보냈다. 좀 놀라는 눈치였다.

VRE 환자 격리를 위한 다인용 병실을 만들기로 결정이 났다. 그런데 필요한 간호 인력에서 한 명을 빼고 주겠다고 했다. 다른 준중환자실과 형평에도 맞지 않고 그 인력으로는 운용할 수 없다고 설득했다. 의료기관 자체평가를 하던 날, 몹시 피곤한 몸을 이끌고 길 건너 기획팀 사무실로 찾아갔다. 인력이 필요한 근거를 구체적으로 설명했다. “확답을 줄 때까지 여기 책상 위에 드러누워 안 나가겠다.”라며 협박(?)도 했다.

결국 필요한 인력을 받아 병실 운영을 시작했다. 수간호사가 무척 고마워했다. 세월이 지나 감염에 대한 관심이 커지고 정부의 투자도 있어 지금은 격리병동이 따로 만들어져 있다.

대학원에서 배운 경제성 평가 방법을 간호관리실무에 적용하면서 당당할 수 있었다. 간호대학에 경제학을 전공한 교수님이 계신 덕분이다. '학문의 융합'이란 용어가 떠오른다.

병원감염관리를 위해 다인용 병실 하나를 운영하는데도 이렇게 비용이 들었다. 연구결과를 보면 편익이 더 많았지만, 보통 경영자에겐 우선 투입되는 비용만 보이는 것이다. 투자에 인색하여 길게 보지 않으면 돌이킬 수 없는 비용을 치러야 한다는 것을 이번 신생아 집단감염사태의 교훈으로 삼아야 할 것이다.

비용절감 방안으로 위생재료부터 줄이려는 구태(舊態), 투자는 안하면서 사건이 날 때마다 애꿎은 현장 직원에게 책임을 지우는 관행이 모두 사라져야 한다.

병원 내 감염관리의 효율적 방안과 경제성 있는 정책을 세우고자 고심했던 10년 전의 일이 생생하게 떠오른다.

(2018.2.)

병동에서 가장 반가운 사람

'병동에서 가장 반가운 사람'

입문교육을 마친 신입간호사가 자신을 가르쳤던 프리셉터(preceptor, 師受)에 대해 표현한 문구이다. 교육이 끝나면 교육과정에 대한 평가서를 받는다. 몇 해 전에, 정리된 평가서를 읽던 중 이 문구가 확 다가왔다.

병원간호사회에서 주최하는 프리셉터 대상의 보수교육에서, '신입간호사를 위한 효율적 교육방법'이라는 제목의 강의를 할 때 이 문구를 인용한다. 신입간호사들이 교육평가지에 서술했던 내용의 일부를 강의 도입부분에서 소개한다. 프리셉터에 대해 좋았던 점과 나빴던 점에 대해 주관식으로 기술한 답변을 보면 대부분 프리셉터에게 감사한 마음을 나타냈다.

"많은 걸 알려 주려고 애쓰며 열정적이었다. 친절하고 따뜻했다. 자세하게 가르쳐 주었다. 이해하기 쉽게 설명해 주었다. 직접 해 보도록 기회를 많이 주었다. 실수에 대해 너그럽게 대했다. 용기를 주고 칭찬을 많이 해 주었다. 역할모델이다." 등으로 요약된다. 구체적인 내용도, "근무시간 외에도 시간 내어 가르쳐 주었다. 휴일에도 만나서 맛있는 것을 사 주었다. 객지 생활에 대해 보살펴 주었다. 끼니를 챙겨 주었다."와 같이 따뜻하고 감동적인 내용이 많다. "내가 못 따라가 자괴감을 느낀다."라며 어려움을 호소하기도 한다. 서운했던 점에 "먼저 다그치기부터 했다."라는 답도 있지만 대부분의 프리셉터는 신입간호사를 위해 헌신적으로 교육한다는 것을 알 수 있었다.

그러나 인간 집단이다 보니, 성악설을 믿게 만드는 비정상적인 인성을 지닌 이들도 있다. 이들의 행동이 밖으로 드러났을 때는 이미 회복하기 힘든 상태로 소송까지 가기도 한다. 괴롭힘을 당할 때 바로 수간호사나 다른 상사에게 고충을 토로하지 못하는 조직문화가 사태를 악화시킨다. 괴롭히는 프리셉터의 보복이 두려워서 용기를 못 낼 뿐 아니라, 위축되어 있는 입장에서 상사에게 선뜻 이야기하기가 쉽지는 않다. 옆에서 본 다른 동료도 고자질한다는 느낌이 들어 개입하려고 들지 않는다. 또한 문제가 드러났을 때 수간호사의 반응이 '그럴 리가?'이기 쉽다. 프리셉터는 경력자로서 병동에서 인정받고 있기도 하지만, 신입에게 혹독한 프리셉터라도 수간호사나 다른 사람 앞에서는 성숙한 척 행동하기 때문이다. 주눅 든 신입간호사가 쉽게 이야기할 수 있는 시스템을 만들어야 하고, 관리자도 심각성을 인지하고 기민하게 대처해야 한다.

신입간호사의 부모나 대학의 지도교수로부터 프리셉터의 괴롭힘에 대해 도와 달라는 요청을 받은 적이 몇 번 있었다. 우리 병원뿐 아니라 다른 병원 소속인데도 나한테 부탁한다. 내가 인맥이 있을 거라는 생각에서다. 잘못된 사례로, 수간호사가 중재하여 잘 되어 가는 듯했으나 수간호사가 안 보는 곳에서 프리셉터가 더 괴롭혀서 최악의 상황으로 치달은 일이 있었다. 잘된 사례는, 신입과 프리셉터 각자에 대해 조용히 알아보니, 양측 모두 평판이 좋고 프리셉터도 신입을 좋게 생각하는데 신입은 자기를 괴롭힌다고 느끼고 있었다. 프리셉터의 표현 방법에 문제가 있는지 신입이 예민한지는 확인하지 못했으나, 서로 상처받지 않게 잘 중재해 달라고 관리자에게 부탁했다. 나중에 들으니 신입간호사가 사직 의사를 접고 잘 지내고 있다고 했다.

부모는 물론이고 교수조차도, 프리셉터한테 문제가 있는 경우 관리자에게 바로 알리지 못하는 이유가 '을'의 입장이기 때문이라고 한다. '갑을'의 입장을 떠나서, 문제가 있으면 빨리 알려서 해결하는 게 모두에게 이롭다는 사실을 인지하고 적극적으로 대처해야 한다.

몇 해 전부터 신문이나 방송에서 간호사 괴롭힘(유행어로 '태움')에 대해 특집으로 다루곤 했다. 그 자료들과 나의 경험 사례를 프리셉터 강의에서 소개하면서, '효율적인 교육방법'이라는 주제에 부합하는지 의문이 들기도 했다.

올 초에는 '태움'에 대해 시간을 너무 많이 할애하여 수강생들이 불쾌할 수도 있겠다 싶어, "프리셉터로서 최선을 다해 가르치지만, 약자로서 자괴감을 느끼고 있는 신입간호사가 어떻게 받아들일지를 되돌아 봐야 한다. 또한 힘들게 교육하는 프리셉터의 노고에 대해 보상이 있어야 한다."라며 마무리했다. 그런데 얼마 후 대형병원의 '신입간호사 자살' 사건이 발생했고, 인과관계를 떠나서 '프리셉터의 괴롭힘'이 사회적 이슈가 되었다. 프리셉터 개인의 인성 탓도 있지만 본질적 문제인 '간호사 교육환경' 개선에 대한 논의가 이루어지니 그나마 다행이다. 간호사 교육에 신경 썼던 옛날 일이 떠오른다.

외과간호과에서 인슐린 주사방법에 대한 동영상을 만들어 신입간호사를 위한 교육을 했다[1]. 또한 간호사 간에 수기술이 다른 경우가 있어 수간호사들과 수기술 체크리스트를 개발하였다. 체크리스트대로, 수간호사한테 교육받은 병동교육간호사가, 전체 간호사를 대상으로 만점 맞을 때까지 1:1로 반복 훈련하여 수기술이 통일되게 하였다. 투약지식을 측정하는 시험문제를 개발할 때는, 약품 용량계산 시 외워서 답하지 않도록 다른 유형의 문제지를 만드는 치밀함도 보였다. 용량계산에서도 만점 맞을 때까지 공부시켰다. 환자와 간호사의 안전을 위해 실무교육[2]을 하는데 시험 스트레스를 준다는 이유로 모 단체의 대자보에도 올랐다. 이런 수모를 당하면서까지 왜 간호사 교육에 매달렸겠는가?

간호사 실무교육이 어느 분야보다 심각하고 중요한 이유는 환자안전과 직결되기 때문이다. 성적 향상이나 시험 자체가 목적이라면 결과에 대한 책임은 피교육생이 지는 것이고, 실수를 만회하여 향상시킬 수 있다. 그러나 간호행위는 환자에게 직접 영향을 미치며 결

---

1 김영미 외(2011). 이러닝 교육(인슐린 주사방법)을 통한 신규 간호사 교육프로그램의 효과. 임상간호연구, 제17권(3).

2 김영미 외(2010). 외과계 간호사를 위한 환자안전 관점의 실무교육 프로그램 개발과 효과. 간호행정학회지, 제16권(2).

과를 돌이킬 수가 없다. 그래서 간호사는 '환자안전의 문지기(gate keeper)'라고 한다.

요즘 간호대학생들 사이에서는 병원 입사 후 어떤 프리셉터를 만나게 될지가 가장 큰 걱정이라는 말이 있다고 한다. 그만큼 신입한테는 프리셉터가 중요하다는 뜻이다. 신입간호사 교육 자체가 힘들기 때문에 프리셉터도 선뜻 자원하지는 않는다. 드물지만, 아무리 가르쳐도 못 따라 오는 신입을 만나면 보통 괴로운 게 아니다. 그러나 크게 보면 간호사 후배를 키우고 한 인생의 멘토가 되는, 가치 있고 보람된 일이다.

어릴 때 방과 후, 집에 엄마가 안 보이면

찾으러 나갔던 적이 있을 것이다.

신입간호사는,

병동에서 프리셉터가 보이지 않으면 불안하다.

이렇게 프리셉터는 신입간호사에게 엄마와 같은

존재이다. '병동에서 가장 반가운 사람',

그 사람이 프리셉터이다.

(2018. 2.)

박사학위 논문을 마치며

'하루에도 백 번씩 나는 나의 삶이, 살아있는 혹은 죽은 사람의 노고에 의존하고 있다는 것을 되새긴다. 그리고 받은 만큼 되돌려 주기 위해 얼마나 많이 노력해야만 하는가를 스스로 일깨운다.'

아인슈타인이 하였다는 이 말이 논문을 쓰는 동안 제 머릿속을 떠나지 않았습니다. 길을 몰라 헤매고 난관에 부딪칠 때마다 많은 분들의 도움을 받으면서, 한 편의 학위논문을 쓰는 과정이 마치 인생의 축소판 같다는 생각을 하였습니다.

석사과정에 첫 발을 딛게 해 여기까지 오도록 긴 세월을 따뜻하게 끌어주신 박성애 지도교수님, 바쁘신 중에도 끊임없는 지도와 조언을 아끼지 않고 나이든 학생을 위해 특별히 배려해 주신 김진현 교수님, 김정은 교수님, 이인숙 교수님, 그리고 각별한 애정으로 심사를 위해 진주에서 올라와 준 친구, 정면숙 교수께 진심으로 감사합니다.

대대로 간호부서의 면학분위기를 장려하셨던 이애주 부장님, 유옥수 부장님과 김명애 부장님을 비롯한 간호부의 선배님들께 감사의 말씀 올립니다.

논문의 필요성부터 복잡했던 자료수집까지 내 일처럼 적극적으로 참여해 주신, 이 땅의 간호사와 환자를 사랑하는, 서울대병원의 핵심 인재인 내과간호과 수간호사님과 모든 간호사님께, 당신들이 이 논문의 주역이었다고 말씀드리고 싶습니다. 다시 한번 깊은 감사의 말씀을 전합니다.

생소한 분야인 법적 측면에 대한 조언과 더불어 논문의 주제에 대해 칭찬을 아끼지 않으신 사법연수원의 이상훈 교수(판사)님, 강의교재 내용을 구체적으로 수정해 주시고 간호기록의 중요성에 대해 늘 강조하시는 법무법인 해울의 신현호 변호사님, 법적 관점뿐 아니라 부호 하나에서부터 문장과 논문형식 전반에 걸쳐 꼼꼼하게 살펴 봐 주신 법학박사 장성원 선생님께 감사합니다.

논문에 관한 궁금증이나 필요한 것에 대해 언제라도 어떤 도움이든 기꺼이 도와주셨던 고려대의 김문석 교수님, 경성대의 차명수 교수님 그리고 시도 때도 없이 질문해도 통계에 대해 알기 쉽게 설명해 준 친구, 강릉대의 김동기 교수께 감사합니다.

세련된 영어 실력으로 언제든지 자문에 응해 주는 존스홉킨스 대학의 한혜라 교수, 측정도구와 교재를 개발할 때 논리적 사고로 많은 조언을 주었던 김희진 선생, 다급할 때 천사 같이 나타나 도와준 서은영 교수, 대학원 수업에서 만나 아이디어와 힘을 모아 준 윤은경 선생, 논문의 처음부터 끝까지 함께한 좌(左) 세영, 우(右) 민영인 김세영 선생과 김민영 선생의 도움에 대해 감사한 마음을 표현할 길이 없습니다.

오랜 기간 진행된 논문이라 대하소설의 인물처럼 등장했던 행정간호사 출신의 안선영 선생, 김윤정 선생, 한세영 선생 그리고 조은주 선생에게 사랑과 함께 고마움을 전합니다. 또한 논문이 진행될 때 끊임없이 격려해 준 간호학과 77학번 동기들, 간호관리학교실의 후배들, 나를 자랑스럽게 여기는 고향 친구들, 모두 감사합니다.

직장 다니는 딸이 안쓰러워 외손주들 키워 주시고, 고향으로 가신 후에도 일구월심 자식 위해 기도하시는 친정어머니, 일한다고, 공부한다고 시간에 쫓기는 며느리를 이해해 주시고, 매주 맛있는 반찬을 정성껏 만들어 보내시는 시어머니, 간호학을 선택하게 했던 미국의 언니와 격려를 아끼지 않는 친정과 시댁의 형제들께도 감사의 말씀 드립니다.

제 에너지의 원천인 우리 식구들, 어느새 대학 4학년이 되어 다 컸다고 엄마가 쓴 문장을 수정해 주는 민석, 대학에 가서도 열심히 공부하고 바쁜 엄마를 위해 집안일까지 하는 민영, 남다른 가족 사랑과 리더십으로 김종화호를 잘 이끌어 가고, 부족한 아내에게도 늘 넘치게 지지해 주는 우리 집 대표이사에게 무한한 고마움을 느끼며 이 논문을 바칩니다.(2009.2.)

4부

큰 송방댁

큰 송방댁

경남 하동으로 매화구경 갔다가, 박경리의 대하소설 '토지'의 주된 배경인 '최 참판댁'을 들르게 되었다. 언덕길 옆 '용이네'라는 팻말의 초가집을 지나 '최 참판댁' 대문에 들어설 때부터 익숙한 느낌이 들더니 안채의 대청마루에 다가서는 순간, 임계 외갓집과 외할머니가 오버랩 되며 왈칵 눈물이 쏟아질 듯했다. 까맣게 잊었던, 반세기 전 세월이 벌떡 눈앞에 다가오기라도 한 듯 왠지 모를 감정이 북받쳤다.

강원도 정선군 임계면 송계리 2구의 '큰 송방댁' 이라 불리던 기와집은 내 가장 오래된 기억 속에 있는 외갓집이다. 임계의 중심 시가지 로터리에 자리하고 있던 외갓집은 대문이 여러 개 있었다. 앞마당 왼쪽 골목 끝의 빗장 달린 두 쪽짜리 나무문, 뒷마당의 양철문, 그리고 앞마당 오른쪽 골목 끝에 텃밭으로 나가는 쪽대문이 있었다. 앞마당

오른쪽엔 사랑채가 있었고 그 옆엔 곳간(당시엔 고간이라 불렀다)이 있었다. 곳간은 자물쇠로 늘 잠겨 있었고 어른들이 문을 열 때 으스스한 느낌으로 살짝 들여다보면, 컴컴한 내부에 나보다 덩치가 큰 항아리들이 늘어서 있었다. 곳간 옆엔 장작과 볏짚이 쌓여 있는 헛간이 있었고, 쪽대문을 열고 나가면 들어가기 정말 싫었던 재래식 화장실이 있었다.

'최 참판댁' 세트장의 부엌보다 훨씬 큰 부엌엔 밑 부분이 광으로 된 넓은 마루가 있었고, 맞은편엔 아궁이가 달린 다양한 크기의 가마솥이 여러 개 있었다. 밥 짓느라 땐 장작불 숯은 질화로에 담아 방안에 들여놓았다. 부엌의 검은색 넓은 마루에서 어른들이 칼국수를 만들 때, 나는 밀가루 반죽 귀퉁이를 얻어 불에 구어 먹곤 하였는데 번번이 맛없음에 실망했다.

안방의 부엌 쪽 벽면에는 횃댓보로 가려진 벽장이 있었다. 외할머니는 옥양목에 수놓은 그 비밀스런 횃댓보를 젖히고 벽장에서 곶감이며 맛있는 것들을 꺼내 주시곤 했다.

앞마당에는 장독대가 있었고 장독대 양옆엔 자두나무와 배나무가 있었다. 당시엔 '꽤' 라고 불렀던 그 자두의 맛은 아주 시었으나 주전부리할 수 있는 몇 안 되는 과일이었다. 동네 아이들은 지름길로 가려고 외갓집 대문들을 통과하여 앞마당을 몰래 지나기도 했다. 앞마당을 지날 때, 선긋기를 하며 늘 혼자 놀고 있던 나를 기억한다는 한 친구는 황순원의 '소나기'에 나오는 소녀로 연상되었다고 한다.

뒷마당은 남향이어서 앞마당보다 환했다. 어린 나이였음에도 뒷마루에 걸터앉아 멀리 산 넘어 하늘을 바라보며 늘 누군가를 그리워했던 기억이 난다. 그리움의 대상은 아마도 엄마를 포함한 식구들이었을 것이다. 엄마가 올 때 내게 옷과 신발을 사다 주시니 기다림은 설렘이기도 했다.

외할아버지 제사나 외할머니 생신 때는 각지에서 모인 친척들로 집안이 북적거리며 들기름 냄새가 진동하였다. 그 기억 때문인지 지금도 나는 들기름이 정말 좋다.

외할머니 댁엔 여러 채의 가구가 세 들어 살고 있었다. 그 중에서 잊을 수 없는 댁은 외할머니와 가족같이 지낸 근오네다. 외갓집은 시내 로터리에 있었으므로 장날이나 비가 오는 날엔 많은 이들, 특히나 근오네 외삼촌인 김대중 면장님 댁 친척들이 들렀다. 여량, 정선, 사북을 오갈 때면 나룻배가 버스를 싣고 강을 건넜다. 소설 '토지'를 읽을 때는 소설 속의 섬진강 나룻배를 여량의 그 배로 상상하며 읽었다.

'~모래알로 떡 해놓고, 조약돌로 소반지어~' 냇가에서 소꿉장난을 해 보지 않은 사람이 이 동요의 가사를 공감할 수 있을까? 그 시절 냇가는 아이들의 놀이터였다. 강 건너 마산봉에서 사생대회를 하던 일, 웃임계 가는 다리 밑 강가에서 언니가 돌이끼로 손톱에 물들여 주던 일은 아직도 생생한 아름다운 기억이다.

나는 임계국민학교를 3학년 1학기까지 다닌 후 묵호로 전학 갔다. 방학하여 임계에 갈 때마다 도착한 버스에서 차창으로 내다보면 할머니가 뒷마루에 서서 버스를 바라보고 계셨다. 떠날 때도 하염없이 바라보고 계셨다. 그 당시는 그게 그렇게 마음이 아픈 건지 몰랐다. 나마저 떠난 후 그 큰 집에서 홀로 사셨을 외할머니를 이제 와 생각하니 가슴이 찡하다.

구순을 바라보는 친정어머니를 뵈었을 때 외갓집에 관한 상세한 이야기를 부탁드렸다. 내 기억의 흐릿한 부분을 되살리고 싶었기 때문이다. 외갓집이 '큰 송방[1]댁'으로 불린 이유를 내 나이 쉰이 넘어서야 알게 되었다.

100년 전엔 낙천에 금광이 있어서 임계에 유입된 인구가 많았다고 한다. 외할아버지께서는 사업을 하셨는데 임계에 '임원상회'라는 상호로 본점이 있었고, 정선, 여량, 동면, 남면, 하장, 장성 등 인근에 지점이 7개가 있었으며, 강릉에는 연락 사무소 겸 물건의 집하장이 있었다고 한다. 말은 10필이나 있었고 외할아버지가 타시던 말은 흰색이었다고 한다. '임원상회'에서는 면장갑, 면양말, 인조견, 염색, 연필, 생필품을 직접 만드는 공장을 운영하였고, 상점에서 취급하는 물건은 비단, 인견, 장갑, 양말, 수건, 미곡, 술, 과자, 광부들의 작업복 등 만물상점이었다고 한다. 점원, 경리, 마부 등 온 동네 주민들은 상점의 직원이었고, 학생들까지 용돈을 벌게 해 주었다고 하니 당시 마을 사람들에겐 외할아버지가 신적인 존재였던 것 같다. 그 시절에는 나환자(문둥이)들이 동네마다 돌아다니며 마을의 외진 곳에 위치한 곳집(상여를 넣어 두는 곳)에 모여 있었는데, 외할아버지는 밤이면 그곳에 밥을 갖다 주도록 하셨다고 한다. 한겨울 장날에는 멀리 산골에서 물건 사러 오는 사람들의 추위를 녹이기 위해, 성냥 한 통만 사 가더라도, 커다란 들통에 칼국수를 삶아서 한 그릇씩 제공하였다고 한다. 돈

1 송방: 예전에 서울에서 개성 사람이 하던 주단이나 포목을 파는 가게를 이르던 말.

이 많은 회장님이셨을 텐데 외할아버지는 인정도 많으셨던 모양이다.

30대 초반의 젊은 나이에 외할아버지가 돌아가시자 임계 주민들이 그의 공덕을 기리는 자선비를 세웠다고 한다. 임계 천주교 앞 큰길가에 세워졌던 자선비는 그 땅이 팔린 후 가목리 가는 길가(웃임계)에 옮겨졌으며 몇 년 전 처음으로 들러 보았는데 잡초로 둘러싸여 있어 식별하기도 어려웠다. 몰락한 가문의 상징인 듯 가슴이 쓰려왔다.

이미 콘크리트 빌딩으로 바뀐 지 오래된
'큰 송방댁' 기와집과 먼 옛날 소설 같은
'큰 송방댁' 내력을 기억하는 사람들은 거의 사라져 갔다.
그러나 '큰 송방댁'에 대한 기억을 더듬고
어머니로부터 들은 이야기를 글로 영원히 남기게 되었다.
'큰 송방댁' 외손녀로서 이보다 기쁠 수가 있을까?
(2014.12.25.)

등단 소감

이번 크리스마스에 창작수필 신인상 당선 통지서를 받았다. 귀한 선물이다. '수필가'라는 명칭은 아무나 접근할 수 없는 먼 나라의 이야기로만 생각했는데 나에게 이런 기회가 주어지다니 꿈인 듯 신기하다.

'수필'하면 피천득의 '인연'을 떠올리게 된다. 고등학교 국어교과서에 실렸던 피천득의 '인연'을 배운 우리 세대는 그 글에서 받은 아련한 느낌을 평생 잊지 못할 것이다. 수필 한 편이 이렇게 진한 감동을 주다니! 추억의 참고서 '성문영어' 에서 외우던 문장이 기억난다. '글의 힘은 칼보다 강하다(The pen is mightier than the sword).'

'큰 송방댁'으로 불렸던 외갓집 이야기를 글로 남기니 외손으로서 책임을 완수한 듯 홀가분하다. '쿤타킨테'로 익숙한 드라마의 원작소설 '뿌리'(Roots)의 저자 알렉스 헤이리의 심정을 알 것 같다. 고향에서 받은 것이 많은 내가 고향 이야기로 은혜를 갚게 되다니 또한 기쁜 일이다.

우연한 기회에 내가 쓴 글을 보고 등단을 권유하셨던,

이미 수필가이신, 고등학교, 대학교 선배님들과의

인연이 참으로 소중하게 느껴진다.

크든 작든 나와 인연이 된 모든 분들께

신의 축복이 있기를!

(2014. 12. 25.)

자선기념비

외할아버지의 자선기념비를 임계 면사무소 앞마당으로 방금 옮겼노라고 면장님으로부터 연락을 받았다. 군수의 결재와 예산배정을 받은 후에 주민들의 동의를 얻느라 시간이 걸렸다며, 새로이 자리 잡은 기념비의 사진을 찍어서 휴대폰으로 보내 주셨다. 몸은 쇠하였으나 기억력은 여전히 뛰어난 친정엄마가 살아 계실 때 일이 성사되다니 벅차오르는 감격을 가눌 수가 없다.

10년 전, 아들이 대학에 합격했을 때 외가 친척 어른께서 전화로 축하해 주시며 "이게 다 너희 외할아버지의 음덕(蔭德) 덕분이다. 실제로 외할아버지의 자선비가 임계에 있다."라고 하셨다. 당시 나는 아들의 합격소식에 들떠 자선비에 대해서는 뜬금없는 얘기로 흘려듣고 말았다.

그리고 2년 뒤에 친정엄마의 팔순 잔치를 강릉에서 한 후 엄마의 친정인 임계를 한 바퀴 돌았다. 백복령을 향해 가던 중 친정엄마가 야산 밑 밭두렁을 가리키며 "저기에 외할아버지의 자선비가 있다."고 하셨다. 나는 길도 없는 풀숲을 헤치고 들어가서 '故 姜慶熙 氏 慈善記

念碑(고 강경희 씨 자선기념비)'라고 한자로 쓰인 기념비 앞면의 제목 만 읽어 보고 돌아왔다.

작년 초 정선군 공보계장님으로부터 '정선군보'에 실을 원고 청탁을 받아, '내 고향 강원도, 정선 · 임계의 추억'이란 제목으로 글을 쓰게 되었고(정선군보, 2014. 4.), 글의 마지막 부분에 외할아버지의 자선비에 대해 한 줄 언급했다.

그 신문이 발행된 후, 내가 전혀 모르는 분들로부터 임계에서 살고 있는 당신들보다 고향을 더 잘 표현해 줘서 고맙다는 전화를 받았다. 나의 근무지가 병원이다 보니 입원환자 병문안을 온 임계 출신 어르신들이 단체로 나를 보러 오기도 했다. 정선군보를 들고 와서 내 글 제목 옆의 이름과 사진을 내보이며 병원 안내 데스크에서 나를 찾는 이도 있었다. 어느 80대 어르신께서는 친필로 두 페이지 꽉 채워 편지를 보내 주셨다. '추억을 공유할 사람들이 다 저 세상으로 가고 없는데 그 옛날이야기를 이렇게 본 듯이 표현해 주니 고맙다.'는 내용이었다. 대부분의 임계주민들은 내 글을 읽었으며, 외국의 친지에게 보내겠다며 공보계에 신문을 더 요청하는 사람도 있었다고 한다. 그해 봄에 '임계를 빛낸 사람들'에 뽑혀 임계초등학교 총 동문체육대회에서 시군의원 당선자들과 나란히 단상에 올라가 박수를 받기도 했다. 정선군보에 글이 실린 후 1년 7개월 만에 거사가 이루어진 것이다.

이 일이 계기가 되어 구순을 바라보는 친정엄마로부터 외할아버지에 대한 상세한 이야기를 듣게 되었다. 외할아버지에 대해 내가 아는 유일한 정보는, '유세차…'로 시작하는 뜻 모르는 소리를 들으며 바라보던, 제사상 위 빛바랜 흑백사진의 모습뿐이었다.

외할아버지는 조선 말기 가난한 선비인 외증조부의 셋째 아들로 영친왕(이은)과 같은 해(1897년, 丁酉年)에 태어셨다고 한다. 영친왕의 탄생을 축하하기 위해 외증조부는 고종에게 은 식기 세트를 올렸으며 고종은 외증조부에게 군수 교지[1]를 내렸는데[2], 외증조부는 교지를 궤 안에 넣어 두었다가 외할아버지가 태어난 후에 동서(외할아버지의 이모부)한테 주고 은전을 궤짝으로 받았다고 한다. 어릴 때 집에 걸려 있던 고종의 사진을 엄마는 기억한다고 한다.

대한제국시대 마지막 강릉군수로 재임한 외증조부의 동서, 석[3] 군수는 외증조부에게 강릉에 전답이 많으니 내려와서 농사지을 것을 권하여 남자들은 말을, 여자들은 가마를 타고 강릉으로 향했다고 한다. 그 후 강릉에서 논농사와 밭농사를 지으며 살게 되었는데, 그 시절에도 농사로는 많은 식구가 먹고 살기 쉽지 않았던 모양이다. 16~17세 즈음의 외할아버지는 서울로 가서 손거울과 머리빗을 사서 손수레에 싣고 왔는데, 당시 물동이의 물에 비친 모습을 보고 머리를 빗던 강릉 사람들이 거울을 보고 놀랐고, 젊은 외할아버지는 강릉 바닷가동네 여자들에게 거울을 모두 팔았다고 한다.

첫째인 큰외할아버지와 셋째인 우리 외할아버지는 각각 강릉 구정

---

1 교지(敎旨): 국왕이 신하에게 관직 · 관작 · 자격 · 시호 · 토지 · 노비 등을 내려주는 문서.

2 원로 국사학자(이태진 서울대학교 명예교수)에 의하면 그 당시 왕의 득남을 축하할 정도로 왕과 친분이 있는 관계라면 충분히 교지를 내릴 수 있는 상황이라고 함.

3 석명선(石明瑄). 대한제국시대 마지막 강릉군수, 재임기간: 1909년(己酉年) 2월 18일~. 제8장 향토인물, 江陵市史(上), 江陵文化院. 1277쪽.

면에서 베필을 맞아 가정을 꾸린 후에 가족은 강릉에 두고, 형제의가 좋은 두 형제는 장사를 위해 옥계로 떠나 방을 얻고 당나귀를 샀다고 한다. 당시 삼척은 쌀이 귀하고 강릉엔 잡곡이 귀하여 삼척엔 강릉지역의 쌀을 가져다 팔고 강릉엔 삼척지역의 잡곡을 가져다 팔아서 돈을 무척 많이 벌었다고 한다. 쌀 한 가마니에 90원할 때의 시세로 1년에 3천만 원을 벌었노라고 옥계에 살고 계시던 큰외할아버지가 14세이던 엄마에게 들려주셨다고 한다. 옥계와 임계에 금광이 있었는데, 첫째 큰외할아버지는 셋째인 우리 외할아버지한테 번 돈의 반 이상을 나누어 주시며 "나는 부모님 모시고 옥계에서 살 테니 너는 네 가족을 데리고 임계로 가서 장사를 하라."고 하여 외할아버지는 임계에서 사업을 하게 되었다고 한다.

본점인 임계의 '임원상회'는 만물상점에 생필품 공장까지 운영하였으며, 강원도 지역에 지점이 7개, 점원이 20명, 말이 10필이나 있었으니 '임원상회'뿐 아니라 임계면의 최대 전성기가 아니었나 싶다. 강원도 정선군 임계면 송계리 2구 '큰 송방[4]댁'의 주인으로서 한 시절, 강원도 일대를 주름잡는 사업가가 되셨던 것이다. 외할아버지는 돈도 많이 벌었지만 인정도 많아서 한겨울 장날에는 멀리 산골에서 물건 사러 오는 사람들의 추위를 녹이기 위해 성냥 한 갑을 사가더라도, 커다란 들통에 칼국수를 삶아서 한 그릇씩 대접했다고 한다. 진정한 기업가정신(entrepreneurship)을 지닌 '장사의 신(神)'이라 불릴 수 있으리라.

외할아버지는 바쁜 사업 때문에 설에 못 뵌 부모님을 뵈러, 잡은

---

4 송방: 예전에, 주로 서울에서 개성사람이 명주, 비단, 베, 무명 따위의 직물을 팔던 가게.

소를 담은 궤짝과 선물꾸러미를 싣고 흰색 말을 타고 옥계로 가던 중 감기에 걸려, 강릉 남흥 여관에 머물다 강릉도립병원에 입원하여 폐렴으로 진단받았다. 항생제가 개발되지 않은 시절에 옥계의 큰외할아버지는 "내 동생의 병을 고쳐 주면 재산의 반을 주겠다."고 전국에 방을 붙였고, 여러 의원들이 찾아왔는데 러시아 의사도 있었다고 한다. 결국 30대 중반에 강릉도립병원에서 외할아버지는 돌아가셨다. 아들을 낳기 위해 새로 맞아들인 작은부인도 외할머니와 함께 슬퍼하며, 광목으로 된 상복을 입고 장례를 치르기 위해 말을 타고 강릉으로 떠나던 모습을 엄마는 기억한다고 한다.

외할아버지가 돌아가신 후 주민대표가 외할아버지의 자선기념비를 천주교 앞 시내 중심가에 세웠는데, 그 땅이 팔린 후에는 가목리 방향 새별리 야산 밑으로 밀려나 잡초에 둘러싸여 보이지도 않게 방치되어 있었다.

정선군보에 글이 실린 후, 나는 인맥이 닿는 임계 사람들한테 읍소했다. "외할아버지의 자선기념비는 후대에 귀감이 되는 내용이고, 85년 전에 세워진 기념비로써 번성했던 임계의 역사를 나타내는 것이므로 사람들이 많이 볼 수 있는 곳으로 옮겨 주십사."라고. 그사이 면장이 세 번이나 바뀌고도 결론이 안 나서 포기하고 있었는데, 지금의 면장님이 자선기념비를 면사무소 앞마당으로 옮길 수 있게 추진해 주셨다. 일이 다 끝난 후에 알게 되었지만, 면장님은 민원인의 소리에 귀 기울여 기념비에 적힌 한문을 한 글자씩 옥편으로 찾아 읽어 보는 등

면밀히 자료조사를 하셨다. 존경심이 저절로 우러났다.

정선군보에 실린 글이 화제가 된 후, 내게 원고를 요청하셨던 공보계장님께 제일 먼저 기념비 이전에 대해 부탁드렸다. 안면도 없는 계장님께 이렇게 말씀드렸다. “이 자선비는 민간 기업가가 지역주민들에게 은혜를 베푼 모범사례이므로, 지방자치단체 입장에서 기념비로 충분히 가치가 있다고 본다. 그리고 덴마크 코펜하겐 바닷가의 인어공주 동상이 그리 볼품도 없고 주변에 상점 하나 없는데도 전 세계에서 관광객들이 다녀가고 있다. 이것은 안데르센의 동화 ‘인어공주’, 곧 문학의 힘이다. 혹시 내 글을 읽고 누군가 임계를 찾아가 보고 싶을 수도 있지 않겠냐?”라고.

매우 억지스러울 수 있는 내 말에 공감해 주고, 일이 되도록 추진해서 완벽한 결과까지 보게 해 주신 정선군청의 김영환 계장님과 서상기 임계면장님께 감사, 또 감사드린다.

'큰 송방댁' 외손녀로서 가문의 과업을 완수한 듯 참으로 뿌듯하다. 글의 위력이다.

(2015. 12. 25.)

엄마 곁에서

– 이런 시간이 또 올까 –

우리 엄마, 언제 이렇게 늙고 병든 할머니가 되었나? 고관절 골절로 수술 받고 병상에 누워 계시는 엄마의 모습을 바라보노라니 슬픔과 함께 만감이 교차한다.

자식들이 모두 다른 지방에 살고 있으니 강릉에 홀로 계신 엄마는 요즘 말로 '독거노인'이다. 그동안 도우미를 부르자고 말만 꺼내면 부담스럽다며 완강히 손사래를 치셨다. 점점 쇠약해지는 모습이 마음에 걸려서 언제부턴가는 주말이면 서울에서 강릉으로 향했다. 늘 그랬듯이 지난 주말 아침에도 엄마는 내가 좋아하는 된장찌개를 뚝배기에 끓여놓고 나이든 딸이 일어나길 기다리셨다. 자신의 몸조차 지탱하기 어려운데도 불구하고. 지난주와 그 전 주말에도 강릉에 내려가 엄마 옆에서 잠을 잤는데 여느 때와는 달리 '엄마 옆에 누워 있는 이 순간이 얼마나 소중한가? 언제까지 이런 행복을 누릴 수 있을까?'라는 생각이 뇌리를 스쳐갔다. 불길한 예감이었다. 바로 다음 날, 월요일 새벽에 엄마는 기운이 없어 방바닥에 주저앉고 말았다.

두 달 전, 8월 15일이 한 주일 지나 더위가 한풀 꺾인 주말이었다.

극구 사양하는 엄마를 모시고 고깃집에 다녀오는 길에 택시에서 내려, 아파트 입구에서 집까지 걷는데도 무릎통증으로 몇 차례나 쉬어야 했다. 그때 아파트단지 쪽문 옆 그늘진 벤치에 앉아 쉬면서 엄마는 어린 시절 이야기를 들려주셨다.

아들을 낳기 위해 외할아버지가 처녀를 작은부인으로 맞으며 혼례식을 하는 장면을 숨어서 보다가 외할아버지랑 눈이 마주치자, 외할아버지가 손짓으로 저리 가라고 했다는, 다섯 살 이전의 일을 생생히 기억하셨다. 외할아버지가 돌아가실 때까지 작은 부인에게서는 자식을 얻지 못했으나, 작은 엄마라는 분은 가족처럼 지냈고 어린 엄마를 무척 예뻐해서 매일 업어 주고 학교 다닐 때도 업어서 데려다 주었단다. 20여 년 전에는 엄마가 그 작은 엄마를 만나보고 싶어 해서 수소문해 보았다. 미국으로 이민 가서 사시다 얼마 전에 돌아가셨다는 소식에 엄마도, 나도 안타까워했다.

아흔을 바라보는 엄마가 소학교 시절의 선생님을 그리워하며 들려주는 이야기를 옮겨 본다.

일제강점기에 엄마는 도꾸야먀(덕산) 데이고꾸(정옥)로 불렸다. 어느 봄날 서울에서 배화여학교를 졸업한 정묘현 선생님이 임계심상소학교[1]에 부임해 오셨고, 망토를 입은 선생님의 아버지는 딸과 함께 오셔서 교장선생님을 만나고 가셨다.

---

1 우리나라 초등교육기관의 명칭은 소학교(1895)→보통학교(1906)→심상소학교(1926)→국민학교(1941)→ 초등학교(1996)로 바뀌어 옴. 한국민족문화대백과.

'큰 송방댁'인 우리 외가엔 방이 많아 서울에서 온 여선생님은 외가에서 함께 살게 되었고 식사도 같이 하며 한 식구처럼 지냈다. 담임은 아니었고, 방학하면 선생님이 서울 집으로 엄마를 데리고 가셨는데, 엄마가 2학년 때부터 따라갔다. 선생님의 집은 서울 종로5가 천일약방 부근의 2층집으로 쌀집을 운영하였으며 여동생은 엄마와 한 살 차이가 났고 남동생들은 경복고를 다녔다. 엄마가 서울의 선생님 댁에 갈 때는 감자를 가지고 갔는데 선생님 댁 식모가 감자 깎을 줄 몰라서 어린 엄마가 감자 깎는 시범을 보였다.

그 시절에도 감자는 강원도 특산물이었나 보다. 밤에는 종로 야시장 구경을 하였고, 낮에는 화신백화점에 구경하러 갔는데 내부 바닥은 미끄러웠고, 그릇에 담긴 얼음과자가 아주 맛있었으며 얼음사탕은 2원 내지 3원이었다는 것도 기억하셨다. 그러고 보니 내가 대학 입학 후 친구와 처음으로 고향선배를 만나러 갔던 곳이 화신백화점 자리의 지하다방이었다. 일본인이 운영하는 '미츠코시' 백화점에도 구경 갔었다고 했다. 얼마 전 영화 '암살'을 보다가 여주인공이 '미츠코시' 백화점에 들어서는 장면에서 지난여름 엄마로부터 들었던 이름이 떠올라 깜짝 놀랐다. '그 백화점이란 말이지!' 지금의 신세계 백화점 자리란다. 그 옛날 종로에 야외수영장도 있었다고 한다. 대학시절부터 지금까지 40년 가까이 내가 살고 있는 이곳 종로가 80년 전에 어린 나이의 엄마가 놀러 다니던 곳이라니 신기하다.

선생님의 애인은 화천 출신으로 통천에서 교사로 근무하였고 연애편지를 주고받았는데, 방학 때 기차타고 서울 가는 길에 통천에서 내려 데이트하다 서울로 갔다. 방학 때 선생님은 무용을 배워 와서 학생들을 가르쳤고 엄마에게 세일러복을 사다 주었으며 엄마는 학예회 때마다 무용발표를 했다. 나는 세일러복을 입어 본 적도, 무용을 한 적도 없는데 말이다.

선생님을 따라 서울로 갈 때는 임계에서 강릉까지 버스를 타고, 강릉에서 양양까지는 다른 버스로 갈아타고, 양양에서 기차를 타고 고성, 통천을 지나 서울로 갔다. 기차역 주변에서는 작은 사기 주전자에 물을 담아 통째로 팔았고, 군밤장사도 많았는데 '헤이조 아마구리'(평양 단밤)라고 부르는 군밤은 아주 굵었고 한 봉지씩 사서 먹으며 밤새워 가다 새벽에 도착했다. 서울엔 가로등이 많아 바깥이 반짝하고 환해지면 서울이었다. 청량리역에서 전차를 타고, 동대문에서 다시 버스를 타고 선생님 댁으로 갔다.

나는 40년 전에 상경해 처음 이용한 동대문고속터미널이 어렴풋이 기억날 뿐인데 80년 전의 일을 그렇게 자세히 기억하다니!

그 당시 유명한 학교는 일본인들 차지로 한국인은 들어가기가 무척 어려웠다. 상급학교의 입시기간이 달랐는데 선생님의 권유로 숙명여학교와 공주사범학교에 차례로 응시하였으

> 나 낙방하여 3년제인 강릉실천여학교에 입학하여 졸업했다. 여학교 시절엔 일본의 '나라'로 수학여행 가서 사슴을 보았고 신사참배도 하였는데, 미일전쟁으로 비행기공습이 심하여 배를 타고 다녀왔다. 실제로 여학교 시절 엄마는 우등생, 모범생으로 얼굴까지 예뻐서 사람들이 말 붙이기도 어려워했다. 졸업 후 임계국민학교에서 교사로 근무할 때 교안을 잘 짜고 연구수업을 잘하여 일본인 교장으로부터 칭찬을 많이 받았다. 해방 후에 4년제 강릉고등여학교에 편입하여 1년을 더 다녔다.

해방 전까지 정묘현 선생님과 편지를 주고받았는데 해방 후 연락이 끊겼다며 선생님에 대한 진한 그리움을 나타냈다. 소설 '토지'에서 그 많은 이야기가 해방되었다는 소식과 함께 막을 내리듯이 엄마의 그날 이야기도 해방을 기점으로 끝났다.

89세 엄마의 음성이 어쩜 그렇게 낭랑하고 내용도 구체적인지! 이야기를 이어가는 엄마의 표정이 무척 행복해 보여 자리에서 일어나기 어려웠다. 6 · 25전쟁으로 불어닥친 모진 세월과 달리, 유복했던 초년의 기억이라 그런 것 같았다.

이야기를 듣는 내내 '이런 시간이 또 올까?'라는 생각이 들어 불안, 또 불안했다. 엄마 곁에 누워 잠을 자고, 엄마가 끓여 주시는 된장찌개를 먹고, 엄마의 옛날이야기를 들을 수 있는 그날이 다시 안 올까 봐….

(2016.3.)

영동고속도로, 그 불혹의 스케치

영동고속도로는 우리나라의 서해안과 동해안을 횡단하는 대표적인 고속도로로, 인천에서 강릉까지 연결되어 있다. 내 고향 강원도를 오갈 때 지나는 도로이다. 작년 말부터 요양병원에 계시는 친정엄마를 뵈러 주말마다 강릉행 고속버스를 탄다. 어느새 겨울과 봄이 지났고 이젠 피서객으로 붐비는 여름을 맞았다. 익숙해진 버스에서 창밖의 풍경을 무심히 바라보며 상념에 잠기곤 한다. 40년 전 기억도 떠오른다.

영동고속도로의 신갈에서 새말 간 구간은 1971년에 개통되었고, 새말에서 진부, 횡계, 대관령, 강릉으로 이어지는 구간은 1974년 3월에 착공해 1975년 10월에 준공됐으니 내가 고1때 착공, 고2때 준공이 됐다. 강릉여고 시절, 기공식인지 준공식인지는 모르겠으나 기념식장에서 우리 학년이 단체로 교복을 입은 채 합창을 했었다.

우리가 대학을 갈 때쯤이면 밤새 가는 청량리행 기차가 아니라도 고속버스를 타고 짧은 시간에 서울로 갈 수 있다고 했다. 새로 부임하신 가정 과목 선생님은 토목과 출신인 남편이 고속도로 공사를 맡고 있어 강릉으로 오셨다고 했다. 이렇듯 나의 고교시절에는 고속도로 개통이라는 화두가 있었다.

고속도로가 개통된 후 동부고속과 중앙고속 두 버스회사가 운행을 했다. 직행버스와는 달리 고속버스는 깨끗하고 위용이 있었다. 고속버스 출입문 입구에 안내원 좌석이 있었고 안내원은 젊고 예쁘고 친절했다. 비행기는 타 본 적도 없었지만 정복을 단정하게 입은 안내원들을 보며 비행기 스튜어디스의 모습이 그럴 것이라 생각했다.

대학을 서울로 진학한 나는 신문물인 고속버스를 타고 영동고속도로를 오가게 되었다. 안내원으로 일하고 있는 여중 동창생을 고속버스에서 우연히 만나 특별대접도 받았다. 그 당시 고속도로휴게소 식당엔 고속버스기사와 안내원에게 식사를 제공하는 장소가 따로 있었는데, 그 자리에 나를 데리고 가서 밥도 공짜로 먹여 주었다.

그 친구뿐 아니라, 나는 생면부지의 한 안내원과 버스에서 여러 번 만나게 되면서 친해졌다. 나보다 한 살 위라서 내가 언니라고 불렀다. 키도 크고 얼굴도 잘 생겼으며 성품도 참했다. 버스에서 약속을 잡고 서울에서 만나기도 했다. 1977년 한창 인기였던 영화 '겨울 여자'도 함께 보러 갔었다. 내가 학생이라고 영화표도 그 언니가 사 줬던 것 같다. 그 언니는 서울의 집으로 데리고 가서 가족들께 인사도 시켜주고 짜장면도 함께 먹었다. 그런데 이렇게 필름이 끊길 수가! 언제부터, 왜 연락이 끊겼는지, 그 언니 이름조차 기억해 낼 수가 없다.

몇 달 전에는 친구로 보이는 연로한 남성 두 분이 내 앞자리에 앉아 버스 출발과 동시에 큰 소리로 이야기를 쉬지 않고 계속했다. 바로 뒷자리에 앉은 나는 무척 참기 어려웠지만 즐거워하는 노인들 기분에 차마 찬물을 끼얹을 수가 없었다. 진부쯤까지 왔을 때 급기야 맨 앞쪽의 한 중년여성이 좀 조용히 해 달라고 했다. 잠시 침묵이 흐르더니 그 여성이 다시 뒤돌아보며, 강한 경상도 억양으로 "하도 시끄러워 머리가 아픕니더."라고 크게 소리쳤다. 그동안 참고 여기까지 온 게 억울하다는 듯했다. 충분히 공감되었다. 박수라도 치고 싶었다. 그러나 나도 20대에 강릉행 고속버스에서 친구를 만나 떠들다가 제지당한 전력이 있기에 한편으론 뜨끔했다.

얼마 전에는 중년 아주머니들이 단체로 여행 가는 모양이었다. 어찌나 신나게 떠드는지 기사분이 다른 승객을 위해 조용히 해 달라고 점잖게 방송을 했다. 그런데 잠시 주춤하더니 그 아주머니들이 다시 떠들기 시작했다. 아니나 다를까 그 젊은 기사가 문 열어 드릴 테니 당장 버스에서 내리라고 고함을 쳤다. 그 후로 도착할 때까지 버스 안은 쥐 죽은 듯이 조용해졌다.

강릉행 버스는, 아침에는 여행에 대한 기대에 들떠 시끄러울 때가 많다. 반대로, 오후에 서울로 올라오는 버스의 분위기는 조용하기 그지없다. 날이 어둑해지면 아예 내부의 전등도 끄고 버스는 수면실이 되어 버린다. 강릉행과 서울행 버스의 분위기는 이렇게 다른 면이 있다.

지난주도 휴가철이라 길이 막혀 국도로 가던 중이었다. 옆에 앉은 아주머니가 화장실 볼일이 급하다고 사정하니, 기사분이 먼 길 돌아 고속도로로 길을 바꾸어 휴게소를 찾아 세워 주었다. 이 상황에서 40

년 전 일이 떠올라 웃음이 나왔다. 1977년도 초봄에 고속버스가 대관령 고갯길을 굽이굽이 오르던 중 아주머니들이 화장실이 급하다고 아우성을 치자, 기사분이 고속도로 한쪽 귀퉁이에 버스를 세우고 볼일 보고 오라고 내려 줬던 것이다.

세월 따라 기사와 승객의 민도는 세련되어졌고, 도로는 왕복 2차선에서 4차선으로 확장되어 이용차량도 늘었다. 자동차 브레이크에서 타는 냄새가 나도록 돌고 돌던 대관령 고갯길은 직선 터널로 바뀌어 서울과 강릉 간 주행시간은 한 시간이 단축되었다.

직선 터널로 바뀐 다음 해인 2002년 8월에 태풍 '루사'로 인해 강릉과 대관령이 가장 많은 인명 · 재산피해를 입었다. 당시엔 대관령을 파헤쳐 산신이 노했기 때문이라는 정서가 지역주민들에게 팽배했었다. 안개에 휩싸인 대관령은 무척 신령스러운 느낌을 준다. 세월이 흘러도 대관령 구간은 여전히 영동고속도로의 클라이맥스다.

며칠 전에 후배가 동해안 여행을 계획한다며 영동선터미널과 같이 있는 게 호남선인지 경부선인지를 물었다. 나도 헷갈렸다. 그 순간 16년 전 어느 일간지에서 본 오피니언 투고의 소제목이 떠올랐다. '강원도민은 섭섭하다'[1], 강남에 영동 · 호남선터미널이 같이 있다가 호남선 터미널을 새로 짓고 나서 낡아버린 경부선터미널로 영동선을 내쫓아

---

1 조선일보 오피니언 투고(2000.7.25.). "강원도민은 섭섭하다": 고향은 강원도 속초이고 서울에서 살고 있는 주부이다. (중략) 영남권 대통령이 나올 때는 경부선 터미널을 요란스럽게 세우더니, 이제 호남권 대통령이 나왔다고 호남선 터미널을 새로 짓고 나서 그동안 호남선과 함께 동고동락한 영동선을 낡아버린 경부선 터미널로 내쫓는다는 것은 말이 안 된다.(하략).

서 우울하다는 독자의 글이 생각나서 웃음 지었다. 당시엔 나도 그 제목이 눈에 띄어 읽고는 얼마나 공감했는지 모른다.

내가 처음 고속버스를 타고 서울로 왔던 1977년엔 고속버스터미널이 동대문에 있었다. 그해 강남으로 이전했고 영동선터미널은 호남선과 같이 있었다. 동서울터미널이 생긴 후 강남터미널에 갈 일이 없으니 영동선터미널이 지금 어디에 붙어 있는지 나도 모를 수밖에.

청운의 꿈을 안고 서울로 향할 때도,

그리움 가득 안고 고향을 향할 때도

늘 함께한 영동고속도로,

내 나이 열여덟에 개통되었으니

하마[2] 불혹(不惑)이 지났다.

(2016.8.)

---

2 (방언) 이제 곧 또는 벌써.

강원도의 딸

첩첩 산봉우리 고향집 천리건만
돌아가고 싶은 마음 꿈속에서도 끝이 없구나
한송정 가엔 두 개의 둥근 달
경포대 앞에는 한줄기 바람
모래 위 흰 갈매기 항상 모였다 흩어지고
물결 위 고깃배들 오가는 곳
언제나 임영 길 다시 밟아
색동옷 곱게 입고 어머니 곁에서 바느질 할까

새해 첫날 신년모임에서 신사임당의 시, '사친(思親)'을 낭송하게 되다니!

서울대학교암병원 보직자들은 개원준비단 시절부터 5년 동안 해마다 1월 1일이면 노동영 암병원장님 댁에 모여 맛있는 떡국과 음식을 먹으며 정담을 나누었다. 2013년 신년모임에서는 낯선 손님이 있어 돌아가며 자기소개를 하던 중, 나는 강릉이 친정이라는 이유로 신사임당의 시 낭송을 주문받았다. 그 순간 강릉을 대표한다는 생각에 망설임 없이 휴대폰의 인터넷 검색으로 신사임당의 시 '사친(思親)'을 낭송했다. 그러나 바로 아쉬움이 밀려왔다. 사람들 앞에서 보란 듯이 멋지게 낭송했어야 했는데 휴대폰의 작은 글씨를 더듬거리며 읽어 내느라 시의 분위기를 제대로 살리지 못했던 것이다.

내가 '숨은 동해시 홍보대사'로 위촉되었다는 강원일보 기사(2013.1.9.)가 병원전자사보에 링크된 이후에 '내 고향 강원도를 소개합니다.'라는 제목의 인터뷰 기사가 병원전자사보에 실리게 되었다. 이 두 기사는 올라올 때마다 차례로 3,000건이 넘는 조회 수와 100건이 넘는 댓글이 달리는 전무후무한 원내 기록을 세웠고, 간호직뿐만 아니라 다양한 직종에서도 반응이 뜨거웠다. 누구에게나 있는, 잊고 있던 '고향' 이야기라서 다들 폭발적인 반응을 보이는 것 같았다. 수많은 댓글 중에 "강원도 출신임에 자부심을 느낀다."는 문장은 나에게 가장 큰 보람을 느끼게 했다. "나도 강릉 출신인데 강릉 주변에 이렇게 좋은 곳이 많은 줄 몰랐다.", "글에 소개된 곳으로 여행을 하겠다.", "이번 휴가는 강원도로!" 등 댓글 수만큼이나 다양한 글들이 올라왔다.

인터뷰기사가 실린 후에는 직종과 직위를 망라하고 나를 보는 사람들은 강원도를 떠올리며 말을 붙였다. 회의 도중에도 "강원의 따님", "강원도의 딸"이라고 칭하기도 하고, "주말에 강원도에 다녀왔느냐?", "강원도는 편안하냐?"라며 말을 건네기도 하고, 외국의 어떤 지역을 비유할 때는 나를 의식하여 "서울에서 강릉 가는 거리", "강릉 수준의 즐길 곳"이라는 표현을 했다. 강원도에서 여행할 만한 곳을 추천해 달라고 하거나 강릉과 대관령 주변의 숙박할 만한 곳을 추천해 달라고 문자를 보내오기도 한다. 언젠가 병원보직자 모임에서 병원 관련 기사가 미주동창회보에 실린 건에 대해 언급하던 중 오병희 병원장님이 멀리 있는 나를 향해 "강원일보에는 그 기사가 안 났더냐?"라고 하여 참석자들이 한바탕 웃었다. 최근에도 비공식적인 자리에서 종종 '강릉댁'이라 불린다. 내가 개인적으로 전혀 모르는 환자인데도, 주소지가 동해/강릉인 환자가 입원했다고 내게 알려 주는 병동직원도 있었고, 주소지가 동해/강릉이어서 검사날짜를 신경 써 주었다는 검사실직원도 있었다. 직원들의 의외의 반응에 나도 웃음이 나왔다. 병원 복도에서 만난 의사에게 어떤 환자를 부탁한다고 하니 "그 환자도 강원도분이세요?"라고 해서 소리 내어 웃었다.

10년 전, 2005년 여름에 우연히 TV에서 들려오는 '강릉'이란 소리에 이끌려 화면에 시선을 고정하게 되었다. TV 속 다큐멘터리 주인공이 눈을 가린 채 여러 종류의 커피콩을 맛으로 원산지를 구별해내는데 그분이 커피숍 '테라로사'의 사장님이었다. 강릉에 이런 곳이 있다는 게 신기해서 친정엄마를 뵈러 가는 길에 꼭 찾아가 보리라 맘을 먹었다. 딸아이 여름방학에 맞춰 인터넷 검색으로 안내표지도 눈에 띄지 않던 시골길을 따라 구정면의 '테라로사'를 찾아갔다. 지금의 세련된 유럽풍 건물모습과는 다른 시골의 정취가 느껴지는 외관이었으며, 입구에 잔뜩 놓인 로즈마리 화분들은 숲속을 연상케 하였다. 지금보다는 덜 알려진 때라 사장님과 이런저런 얘기도 나누면서 강릉에 찾아가고픈 명소를 만들어 줘서 고맙다는 말까지 했다. 당시 막 시작했다는 이탈리아 요리도 맛을 보았는데 이탈리아 음식은 그 후 얼마 안 가서 중단했다고 한다. 사천해변에 '테라로사 포레스트'가 생기기 전에는 언제나 그곳, 구정면의 '테라로사'에 들른 후 서울로 왔다.

2009년도에 의료기관평가단으로 강릉에 갔을 때, 일과가 끝난 저녁에는 내가 관광가이드로 나섰다. 마지막 날 저녁에는 구정면의 '테라로사'로 안내하니 평가단원들이 환호하였다. 병원전자사보에 강릉의 명소로 '테라로사'를 소개하기도 했다. 강릉에서 동문들을 만날 때 내가 그곳에서 만나자고 하면 서울에 살면서 어떻게 더 잘 아느냐고 놀라기도 했다. 작년엔 구정면에 갔다가 들렀더니 건물 외관도 바뀌었고 소문대로 입장하는데도 줄이 꼬리를 물었다. 얼마 전에 종로에서 모임을 한 뒤에 주최자가 '서울에서 임대료가 가장 높은 건물의 커피숍을 소개하겠다.'라며 데려간 곳이 '테라로사 광화문점'이었다. '강릉에서 시작한 커피숍'이라는 수식어가 붙는 브랜드 '테라로사'가 서울에서 회자되니 뿌듯했다.

2년 전에는 평소에 나를 '강릉댁'이라 칭하던, 서울시간호사회 멤버인 한 대학병원 부서장이 간호관리자들과 정동진의 선크루즈에서 숙박할 계획인데 시내에서 관광할 곳을 추천해 달라고 하였다. 나는 시청에서 근무하는 여고동창 김난순에게 부탁할 수밖에 없었는데 마침 커피축제 기간이라고 직접 안내해 주어 강릉여행이 환상적이었노라고 했다. 작년 가을엔 진료부장(현, 김태유 암병원장)님이 학회의 정기모임 장소를 물색하기에 해설사로 있는 여고동창에게 연락했다. 이 친구가 여행일정까지 짜 주는 바람에 2박3일간의 학회모임을 경포

해변의 '라카이'로 유치하게 되었다. 올봄에는 유방암환자 자조단체인 '비너스회'의 회장님이 전국회원 행사로 강원도를 가려는데 강릉에서 150명이 식사할 수 있는 장소를 소개해 달라면서 나더러 같이 가자고 했다. 일정상 함께 갈 수는 없었는데 이때도 송정동 동장이던 난순이가 안내해 주어 다들 좋았다고 연락해 왔다. 이 모두 강릉을 지키며 사랑하는 여고동창들이 있기에 가능한 일이다.

나는 강릉문화재단의 안내로 우리 병원의 각기 다른 팀들을 이끌고 봄, 가을, 겨울에 강릉을 다녀왔다. 선교장, 허난설헌 기념관, 참소리 박물관, 커피 박물관, 바우길, 나디 칠보공예체험, 조당순두부, 감자전과 옹심이, 서지초가뜰, 다양한 커피숍들, 꽃잠강릉-힐링센터, 강릉녹색체험센터, 양떼목장, 경포의 벚꽃 길 등 갈 때마다, 가는 곳마다 모두들 감탄하였다. 처음 가 본 사람들은 물론이고, 이미 가 본 적이 있는 사람들도 강릉을 더 사랑하게 되었다고 했다. 가족들, 친구들과 꼭 다시 방문할 것이라 했다.

이쯤 되면 속한 조직에서 '강릉여고 출신'이란 수식어가 따라붙는, 강릉/강원도를 떠올리게 하는 대표 선수라고 감히 말할 수 있을 것이다.

올해 추석에는 친정엄마를 뵙고 오는 길에 대관령 정상에서 신사임당의 시, '유대관령망친정(踰大關嶺望親庭)'을 음미해 보려고 한다.

늙으신 어머님은 고향에 두고

외로이 서울 길로 가는 이 마음

돌아보니 북촌은 아득도 한데

흰 구름만 저문 산을 날아 내리네

(2015.9.)

강릉 유감遺憾

어디 사람인가?

나는 강원도 정선군 임계면 송계리 2구 외가에서 태어났다. 임계초등학교를 다니다 묵호초등학교로 전학 갔고, 묵호여중을 거쳐 강릉여고를 나왔다. 대학 진학을 위해 상경하여 환갑을 바라보는 지금까지 강원도 태생임을 자부하며 서울에서 살고 있다.

여고 시절 미술시간이었다. 내가 일어서서 무슨 답변을 했는데 묵호여중 출신이라는 걸 아신 선생님은 "나릿가[1]에서 좋은 음식을 많이 먹어 덩치가 큰 모양"이라고 농담하셨다. 웃으며 한 이야기이지만 내가 살던 지역에 대한 비하가 느껴졌다. 40년이 지난 지금도 기억이 생생한 걸 보면 무척 자존심이 상했던 모양이다.

대학 신입생 시절에는 단체 미팅이 유행이었다. 미팅을 주선하는 친구가 나에게 우회적으로 충고했다. "북한 말을 안 쓰면 좋겠다."라고. 내 억양이 북한 말씨로 들렸나 보다. 서울 사람이 생각하는 강릉은 아주 먼 산골이었을 것이다. 하물며 북한 말까지….

---

1 나릿가: 나룻가의 방언(강원).

대학 졸업 후 대학로에서 우연히 여고 동창을 만났다. 각자 데이트 중이어서 반가워하며 서로 파트너를 소개했다. 인사말을 주고받다가, 후에 남편이 된 친구가 "강릉 여자들은…."이라는 표현을 하자 여고 동창이 바로 "얘는 강릉 애가 아니에요."라고 했다. 순간 분위기가 어색했으나 서울 출신인 남편이 "그 동네는 거기가 거기죠…."라는 말로 얼버무리며 분위기를 전환했다. 내가 원한 것도 아닌데 순식간에 강릉 출신이기를 거부 당했다.

묵호에서 강릉으로 친정이 이사한 후 강릉에 자주 갔어도 여고 졸업 20주년, 30주년 기념행사 외엔 동창모임에 나가지 않았다. 바쁜 직장생활 탓도 있지만 강릉은 여전히 내 마음 속 타향이었다.

여고 후배의 간곡한 요청으로 2013년에 재경강릉여고 모임에 나가게 되었고, 다음 해 가을엔 '강릉여고 총 동창회 체육대회 전야제'에 처음으로 참석했다. 교내 체육관에 설치된 무대 정면의 상단에는 '강여고인의 밤'이란 플래카드가 자랑스럽게 걸려 있었다. 초청한 걸 그룹의 요란한 공연 후에 졸업기수별로 열정 넘치는 장기자랑이 펼쳐졌다. 전문 사회자가 진행을 맡았는데 강릉지역 말투였다. 멀리서 온 사람에게 선물을 주겠다고 하니 여기저기서 손을 들고 지역 이름을 댔다. 미국 '와(워)싱턴'에서 왔다는 동문을 포함하여 몇 명이 외국에서 왔다고 했다. 그 중 한 명이 미국에서 왔다면서 도시 이름을 못 대고 한참 머뭇거리자, 사회자가 특유의 강릉 억양으로 "거 임계에서 온 거 아니우?"라고 해서 한바탕 웃음바다가 되었다. 임계를 촌(村)의 대명사로 빗대어 표현한 것이었다. 내 고향 임계가 이렇게 놀림감이 되다니!

십여 년 전 모 통신사[2]에서 서울고등학교의 남학생과 강릉여고의 여학생을 모델로 유명 일간지에 전면광고를 냈다. 네트워크에 대한 광고였는데 “도시에서 산간오지까지”라는 문구로 서울과 강릉을 대비해서 표현했다. 그 광고에서 강릉이 산간오지로 표현된 것에 나도 놀랐다. ‘강릉 애’는 아니지만 강릉여고 출신인 나는 어떤 입장을 취해야 할지 양가감정(兩價感情)이 들었다. 당시 강릉여고 학부모회에서 난리가 났었다는 이야기를 들었다. 지금 그 문구를 찾아보니 “학교는 달라도, 지역은 달라도”로 표기되어 있다. 강릉시민의 항의가 빗발쳐 며칠 뒤에 광고문구가 수정되었다는 것을 인터넷 카페 댓글을 보고 알았다. 강릉 사람들의 자존심이 몹시 상했던 모양이다.

재경강릉여고 모임에 나가면서 2014년 연말에 재경강릉시민회에도 참석하게 되었다. 그 모임엔 강릉의 모든 고등학교 출신뿐 아니라 시장, 국회의원 등 정치인도 많이 참석했다. 그날 사회자가 ‘강릉 사람’에 대한 정의를 내렸다. “강릉에서 3년간 학교를 다닌 사람은 강릉 사람이다.”라고. 그 멘트를 듣자 ‘강릉 애’가 아니라던 30여 년 전의 일이 떠올라 웃음이 나왔다. 강릉이 영동지방 최대 도시이자 중심 역할을 하다 보니 영동지방 전역에서 유학을 온다. 이방인으로 느끼는 유학생의 정서 때문은 아닐 테고, 시대적 상황에 따라 ‘강릉 사람’에 대해 좀 더 후한 조작적 정의가 필요했을 것이란 생각이 들었다.

2 KT, 중앙일보(2004.6.1.) 전면광고.

강릉의 역사[3]를 보면 강릉(江陵)은 고구려 땅이었다가 신라에 속하기도 했고, 시대별로 이름도 수없이 변경되었으며 강릉면에서 읍으로, 시로 승격되면서 점차 그 범위가 넓어졌다. 임계[4]는 강릉군에 속했다가 정선군으로 편입되었고, 묵호[5]는 강릉군, 명주군에 속했다가 현재의 동해시가 되었다. 이렇게 시대에 따라 행정구역이 변하는 모습을 보면서 어느 동네 출신이라고 선을 긋는 게 우습다는 생각이 든다.

1990년대 초반 미국에 처음 갔을 때 사람들은 일본인 아니면 중국인이냐고 내게 물어봤다. 조금 더 관심 있는 사람들은 북한이냐 남한이냐를 물었다. 바깥세상에선 그렇게 알려지지도 않은 이 작은 나라에서 자기 동네보다 조금 더 시골이라 생각되면 동네든 사람이든 무시하는 게 현실이다. 고향에 대한 자부심은 있어야겠지만 배타적 우월감으로 비치는 건 글쎄….

---

3 강릉: 예국(濊國)의 땅으로 하슬라(河瑟羅)라고 불렀다. 고구려는 하서량(河西良) 또는 하슬라라고 불렀다. 639년 신라가 점령하고, 통일신라(경덕왕)에 명주(溟州)도독부로 개칭하였다. (중략) 고려 원종(1263년) 때 강릉도라 고쳤다. 조선 세종(1423) 때 강원도라 하고 춘천부와 강릉부로 나뉘었다. (중략) 강릉군만 관할하게 되었다(위키백과). 1914년 군내면으로 통합, 1917년 강릉면으로 개칭, 1931년 읍으로 승격, 1955년 강릉읍 · 성덕면 · 경포면이 통합되어 강릉시로 승격, 강릉군은 명주군으로 개칭, 1995년 명주군과 강릉시가 통합되었다(다음백과).

4 임계: 통일신라(경덕왕) 때 명주군, 고려(1018년) 때 강릉군에 속했다가 조선(1906년, 고종) 시대에 강릉군에서 정선군으로 편입되었다(위키백과).

5 묵호: 조선시대 강릉대도호부 망상면 묵호진리로 동해안의 작은 어촌이었다. 1942년 강릉군 망상면(望祥面)이 묵호읍(墨湖邑)으로 승격, 강릉이 시로 승격되면서 명주군에 속하였던 묵호읍은 1980년 삼척군 북평읍과 함께 동해시로 되었다(한국민족문화대백과사전).

인터뷰 기사가 실릴 때 첫 부분에 출신지를 쓰는데
나는 매번 강원도를 강조하며 임계, 묵호, 강릉을
차례로 쓴다. 농촌이어서, 어촌이어서,
그리고 전통이 있는 도시여서
내가 살던 고향은 모두 다 자랑스럽다.
(2017. 9.)

강원도의 힘

– 국제간호사 학술대회에서 –

1992년 여름, 바르셀로나 올림픽에서 대한민국 황영조 선수가 마라톤 금메달을 땄다는 소식이 지구촌 뉴스를 장식했다. 외국에 나가면 애국자가 된다더니 보스턴에서 연수 중일 때라 감격이 배가 되었다. 그때 들은 도시 이름이 내 머리에 각인되었다.

그렇게 기억하는 스페인 바르셀로나에서 '2017년 국제간호협의회[1](ICN) 학술대회'가 열린다기에 꼭 참석하리라 맘먹었다. 'ICN 학술대회'라고 부르는 이 국제행사는 2년마다 개최된다. 한마디로 세계 간호사의 축제이며 개최국을 홍보하는 기회가 되므로 '간호 올림픽'이라고 불리기도 한다.

이번 학술대회에 참가한 한국 회원이 100명 정도 된다는데 간호협회 임원, 기관에서 보내 주는 연수자, 연차 받아 온 간호사, 논문 발표자, 간호대학생 등 다양한 자격으로 참석했다. 나는 논문이 채택되어

1 국제간호협의회(ICN; International Council of Nurses): 전 세계 간호사들을 대표하는 비정부기구. 국제간호협의회 학술대회 및 대표자 회의(ICN Congress and CNR*).
*CNR: Council of National Nursing Association Representatives.

발표자로 참석하게 되었다.

행사의 하이라이트인 개막식에서, 각국 대표단은 자기 나라를 상징하는 복장으로 국가명이 적힌 팻말과 국기를 들고 올림픽 개막식의 선수단처럼 입장한다. 나라 이름 호명과 동시에 대표단이 입장하면, 그 나라 전통 복장을 단체로 입은 간호사들이 일제히 관중석에서 일어나 작은 국기를 흔들며 환호한다. 부피가 커서 힘들게 준비해 가지만, 한복은 외국인들에게 큰 인기이다.

학술대회 장소와 달리, 개막식은 몬주익(Montjuïc) 언덕의 바르셀로나 올림픽 주경기장 앞 실내체육관(Palau Sant Jordi)에서 열렸다. 몬주익(Montjuïc) 언덕을 지나며, 그 길에서, 올림픽 영웅 황영조 선수가 태극 마크를 달고 혼신을 다해 뛰었을 생각에 뭉클하고 자랑스러웠다. 황영조 선수의 부조와 기념비가 그 언덕에 있다는 걸 미리 알았으면, 찾아가서 사진도 많이 찍었을 텐데 안타깝다.

내가 탄 버스의 가이드는 스페인 국적의 한국인이었다. 요즘 스페인으로 수학여행을 오는 고등학생이나 어린 학생들이 황영조 선수를 모르는 경우가 많아 속상하다고 했다. 그런데 가이드는 황영조 선수가 삼척 출신인지를 모르고 있었다. 그래서 강원도 삼척에 '황영조 마을'이 있고, 레일 바이크를 타면 그 마을을 지나니, 한국에서 청소년들이 오면 삼척 여행을 안내하라고 큰 소리로 알려 줬다.

출발 당일, 인천 공항에서 같은 비행기를 타는 한국 간호사를 많이 만났다. 우연히 만난 대학 선배가 대한간호협회 강원도 회장님을 소개해 주셨다. 누가 들어도 알 수 있는 북한 억양이 재미있어 회장님의 고향을 여쭈니 역시 속초였다. 이때부터 우리는 목소리가 살짝 커지기 시작했다. 회장님은 계급이 별 하나인 간호사관학교 교장을 불러 고성군 거진(巨津) 출신이라고 나에게 소개하며, 함께 온 간호장교 대령은 양양 출신이라고 했다. 우리는 목소리가 좀 더 커졌다.

바르셀로나의 숙소에 도착했다. 미리 와서 행사 준비를 하던 협회 직원 중 특히나 반가운 이가 있었다. 초 · 중 · 고 · 대학까지 같은 학교를 다닌 후배로 간호협회 기자이다. 첫날 아쉬운 일로 늦은 밤에 방문을 두드렸으니 고향 후배가 그만큼 편했던 것이다.

병원에서 혼자 참석한 나는 여행사에서 정해 주는 대로 숙소 룸메이트를 만나게 되었다. 일단 열쇠를 받아 들고 생면부지의 사람과 함께 방에 들어갔다. 보훈병원의 간호부장이라고 소개하는데 말투가 수상했다. 두 마디 질문으로 신상조사가 끝났다. 강릉여고 2년 후배로 하조대 근처의 인구(仁邱)(양양군 현남면 인구리)가 고향이란다. 세상에 이런 일이! 가방을 들어줄 땐 '가방모찌'[2]라는 비속어가 떠올라 웃음이 나왔다. 우리는 오래된 사이처럼 어느 팀보다 각별히 지내게 되었다. 논문 포스터 붙일 때도 도와주었고, 식사할 때도, 버스 탈 때도 옆자리에 앉아 서로 챙겨 주었다.

과거에 잘 알고 지낸, 고향이 강릉인 이대 교수를 행사장에서 우연

---

2 상사의 가방을 들고 따라다니며 시중을 듦, 비서, 상사의 비위를 맞추며 따라붙는 사람(일본어사전).

히 만나 반갑다고 부둥켜안았다. 각국 대표자 회의에 참석하느라 먼저 와 있었다. 강원도 출신이 한 명 더 늘었다.

여행사를 통해 단체로 참석한 인원이 60명 정도여서 버스 두 대에 나누어 타고 다녔다. 룸메이트와 나란히 앉아 버스 안의 분위기를 이끌며 강릉여고 선후배임을 자랑했다. 어느 날, 같은 버스를 타는 한 멤버가 조용히 다가와 자기도 강릉여고 후배라고 아뢰듯 말했다. 서울 소재 대학병원의 수간호사로 강릉 학산리가 고향이라고. 세상에 또 이런 일이! 버스에 탄 30명 중 세 명이 우연히 만난 강릉여고 동문이었다. 우리의 목소리는 아주아주 커졌다.

행사장이든 멋진 건축물이든 기념사진 찍을 때 "강원도!"라고 외치면 강원도 출신들이 모여들어 함께 사진을 찍었다. 세계 130여 개국에서 8,200여 명의 간호사가 참가한, 이 대규모 행사에서 열 명도 안 되는 강원도의 딸들이 '강원도'를 외치며 다닌 게 생각할수록 우습다.

며칠 전에는 룸메이트였던 후배가 주선하여 그 병원의 강릉여고, 삼척여고 출신 간호관리자들과 즐거운 저녁시간을 보냈다. 같은 길을 가는 고향 선배라고 나를 자랑스럽게 생각해 줘서 고마웠고, 속한 조직에서 능력을 발휘하는 고향 후배들이 대견했다.

어제, 광복절을 맞아 일장기를 달고 마라톤 금메달을 딴 손기정 선수에 대한 특집 방송이 나왔다. 몬주익 언덕에서 뛰고 있는 황영조 선수의 모습이 비춰질 때 그렇게 반가울 수가 없었다.

한국의 위상을 드높인, 25년 전 바르셀로나 올림픽 마라톤 장면에 ICN 학술대회, 간호 올림픽이 오버랩 되었다.

우연도 이런 우연이 있을까.

바르셀로나 국제간호사 학술대회에서

대단하게 느꼈다.

한국을 대표하는 강원도의 힘을.

(2017.8.)

어디서 무얼 하고 있을까

묵호여중 졸업 후 강릉여고에 입학하여 3년을 보낸 강릉이, 내 인생에 이렇게 큰 비중을 차지할 줄이야!

1974년 강릉은 낯설었고, 그해 3월은 유독 춥고 을씨년스러웠다. 입학 후 첫 수업은 국어였고, 교과서 첫 장의 권두시는 박목월의 '윤사월'이었다. 김진안 선생님께서 낭송해 주신 그 시의 감동은 아직까지 남아있다. 고1 담임이셨던 안중석 영어 선생님은 3년 내내 인기가 있었는데 총각이었던 이유가 한몫했던 것 같다. 그 당시 강릉고등학교에서 막 전근 오신 조규억 수학 선생님은 분위기가 멋있다며 친구들이 반했었다. 최근 병원에서 뵈니 연세에 어울리는 중후한 모습으로 여전히 멋지셨다. 지금은 고인이 되신, 고3 담임이셨던 조진현 선생님께서 어느 날 종례시간에 편지 한 통을 들고 화난 표정으로 누구 짓이냐고 하셨다. 누구로 밝혀졌는지는 기억이 안 나는데 국군장병에게 위문편지를 보내면서 보내는 사람 이름을 담임 선생님 성함으로 썼던 것이다. 그 군인은 '3학년 1반 조진현 양'에게 답장을 보냈으니 편지를 읽으면서 선생님은 얼마나 낯이 간지러우셨을까? 더 먼저

고인이 되신 정의곤 교장 선생님의 배려로, 고3 때는 외지에서 온 친구들 몇 명이 김기은 가정 선생님과 함께 생활관에서 지낼 수 있었다. 그해 동짓날에 금영자 가정 선생님께서 팥죽과 동치미를 가져다 주셨는데 돌이켜 생각하니 참으로 감사한 일이었다.

지금 같으면 상상도 할 수 없는 일이지만, 언젠가 내가 1등 했을 때 전교 석차를 게시판에 공개적으로 붙여 놓은 적이 있었다. 당시 묵호에서 전근 오신 김덕경 교감선생님께서 나의 기를 살려 주시려는 듯한 느낌이 살짝 들었었다. 고2 때는 육영수 여사 추모회 장학생으로 선발되어, 등록금을 내고도 돈이 남아 친구들에게 짜장면을 사 줬던 기억이 난다.

어느 수업시간에, 앉은 순서대로 주관식 질문에 바로바로 대답을 못 했다고, 난생 처음 맞아 본 따귀는 인생살이 억울함을 알려 주는 첫 경험이었다. 묵호 출신임을 빗대어 '나릿가에서 좋은 음식 먹어서 덩치가 크냐?'라고 가볍게 던진 선생님의 농담이 아직도 기억되니 상처로 남았던 모양이다. 지금은 민방위훈련 때나 듣는 사이렌 소리가 당시 우리에겐 수업의 시작과 끝을 알리는 벨소리였다는 것이 믿기지 않는다. 영동고속도로를 지날 때, '이 도로 기공식에서 우리 학교 친구들과 합창을 했었지.'하는 생각이 들면 감개무량하다. 최근 한 음악회에서 '긴 머리 소녀'라는 노래가 들리자 나도 모르게 여고시절로 돌아가 추억에 잠겼다. 당시 갓 부임하신 김은희 음악 선생님께서 교과서에도 없는 이 노래를 가르쳐 주셨던 것이다.

더운 여름날 체력장 연습으로 힘들었던 일,

생활관에서 한복 입고 예절교육 받던 일,

야간자습 때 졸린 눈 비비며 복도에

누워 버리고 싶었던 순간들이 주마등처럼 지나간다.

졸음 때문에 종루에 숨어 새우잠 자다 바닥에

떨어졌던 친구, 쉬는 시간에 공부하는 게 밉다고

내게 심술부리던 짝, 한복 입고 큰절하다 방귀 뀐 친구,

그 친구들은 지금 어디서 무얼 하며 살아가고 있을까?

(2014.11.)

5부

그림이 되고 시가 되는 내 고향

그림이 되고 시가 되는 내 고향

'그림이 된 산, 시가 된 바다'

한여름 밤 자정이 넘은 시간에 우연히 눈에 띈 TV자막을 보고 정신이 번쩍 들었다. 방송사의 여름특집으로, 강원도 출신의 소설가, 시인, 화백이 손님으로 나와서 강원도 산수의 아름다움과 강원도 사람들의 순박한 정서에 대해 시와 그림으로 이야기하고 있었다. 자막의 시적 표현에 이끌려 TV를 보다 보니 어느새 나도 화면 속 동해안으로 빠져들어 가 있었다.

내가 태어나서 고등학교를 졸업할 때까지 살았던 강원도의 세 도시 임계, 묵호, 강릉 중 묵호(現 동해)를 떠올리면 마음이 아려온다. 바다도 검고 물새도 검다는 묵호(墨湖)가 가난한 사람들의 기항지였기 때문인지, 내가 감수성 많은 시절을 보냈기 때문인지는 모르겠다.

묵호 이야기를 하자면 지금까지 내 인생에 영향을 미치고 있는 중학교 2학년 때의 담임 선생님과 친구들을 빼놓을 수가 없다. 우리나라 원로화가로 유명하신 양계탁 화백은 묵호여중 2학년 때 담임 선생님이셨다. 양계탁 선생님은 강원도 출신도 아니고, 묵호여중에서 1년만 재직하고 떠나셨지만 선생님과의 연락은 끊어질 듯 이어지길 반복하며 40년이 지났다.

양계탁 선생님의 그림은 색채가 화려하고 온화하여 민화를 보는 듯 편안한 느낌을 준다. 선생님의 작품 '목가', '영생 그리고 노래'는 제목만 보아도 무척 서정적이다. '집안에 걸면 행운을 가져다주는 작품'이라고 했다는 어느 역술인의 말을 인용한 평론에 공감이 간다.

2007년, 병원에서 말기암환자를 위한 완화의료병동 개설준비를 할 때였다. 말기암환자에게 정서적 도움을 줄 수 있는 그림으로 복도를 장식하고 싶었으나 예산이 없었다. 순간 양계탁 선생님의 그림이 떠올랐지만 연락처가 없었다. 인터넷 검색으로 미술협회를 찾아 선생님의 전화번호를 알아냈다. 소식도 없다가 필요에 의해 선생님을 찾았음에도, 내가 하는 일이라면 무조건 도와주겠다고 하셨다. 선생님께서 흔쾌히 판화를 기증해 주신 덕분에 삭막했던 병동복도는 따뜻하고 품격 있는 아트 월이 되었다. 환자와 직원 모두 행복해했고, 완화의료병동 적격여부 심사를 나온 보건복지부 직원들조차 병동의 그림에 감동받고 돌아갔다고 하였다.

얼마 지나지 않아 완화의료병동의 임종실에는 선생님의 유화작품이 자리를 잡게 되었다. 그 그림의 제목이 '아름다운 꽃밭을 그대 만나거든 마음대로 앉아 노니다 가시오'이니 제목만으로도 임종실임을 느낄 수 있다. 이 소식이 전해져서 제주대학교병원이 지역암센터를 개원할 때 신축건물인 암센터 로비에 선생님의 그림이 걸리게 되었다. 이때도 선생님께서는 흔쾌히 승낙해 주셨고, 제주도가 고향인 선생님께서는 특별한 의미를 부여하시며 직접 제주도에 가셔서 암센터 로비에 그림 위치까지 정해 주셨다.

완화의료병동을 선생님 작품으로 장식한 다음 해에 인사동에서 선생님의 고희 기념전시회가 열렸다. 나는 중학교 2학년 때 같은 반이었던 친구들에게 연락하여 전국 각지에서 올라온 친구들과 인사동에서 선생님의 작품을 감상하였다. 그런 다음 우리 병원으로 친구들을 데리고 와서 병동복도에 걸린 선생님의 그림들을 보여 주고 대학로에서 단체로 연극을 관람하였다. 쉰이 넘어 버린 우리는 서울로 수학여행 온 시골 여중생이 되어 40년 전 여중 2학년 5반으로 되돌아갔다. 우리 반은 공부, 오락, 운동회의 응원, 환경미화 등 무엇이든 1등을 하였으며 특히나 환경미화 부분은 탁월했다. 그림, 서예, 통계 그래프 등이 전시된 교실 뒤 게시판의 우수함은 미술이 전공인 담임 선생님 덕분이었지만, 나를 비롯한 급우들은 일요일에도 학교에 나와 무거운 나무 책걸상을 수돗가에서 비누와 수세미로 씻어 햇빛에 말리는 열정과 단합을 보였다. 급훈이었던 '명랑, 협동'은 당시 우리 반의 분위기를 아주 잘 나타낸다.

올해 추석 연휴가 끝날 무렵 선생님께서 인사동에서 개인전을 여셨다. '고향 이야기'라는 이번 전시회의 주제는 내 마음을 더욱 부풀게 했다. 나는 어렵게 시간을 내어 전시회 마지막 날 직원들과 함께 전시장을 방문했다. '감 익는 마을'이란 제목의 그림에 자꾸만 눈길이 갔는데 작품을 철수해야 하는 시간이라 아쉬워하며 돌아왔다. 한 달쯤 후,

이미 팔린 그 그림을 내가 마음에 들어 하는 것 같았다는 편지와 함께 선생님께서는 그 작품과 비슷한 새로운 그림을 그려서 선물로 보내 주셨다. 묵호가 고향이어서 상호를 '묵호당'으로 했다는 표구사 사장님께 그림액자를 의뢰하여 사무실에 걸어 두었다. 내가 감상하는 것은 물론이고, 기회만 되면 오고가는 사람들에게 그 그림에 대해 자랑을 한다.

심상대의 소설 '묵호를 아는 가'의 무대인 강원도 동해시 묵호진동 논골 마을이 최근 관광명소로 떠올랐다. 잃어버린 묵호를 재발견하자는 취지로, 담과 벽에 묵호 사람들이 살아온 이야기를 벽화로 그린 '논골 담길'이 유명해졌기 때문이다. 중학교 시절 학교에서 갑자기 쓰러진 급우를 내가 업고 숨을 헐떡이며 다른 급우들과 함께 집으로 데려다주었던, 등대 밑 달동네의 오밀조밀한 그 골목길이 지금은 예술작품이 되었다.

몇 해 전 「묵호」(이동순 저)라는 제목의 시집이 나왔다는 소식에 바로 주문하여 읽고, 몇 권을 더 사서 묵호에 있는 친구들에게 보내줬다. 그해 여름 소금강가에서 동창모임을 할 때 내가 시집 「묵호」를 소개하며 '묵호항', '묵호등대'라는 제목의 시를 낭송하자 남녀동창들 모두 눈가가 촉촉해졌다. 그 시집에는 한 때 묵호 사람이었던 그들의 슬프고 아름다운 삶의 풍경이 고스란히 살아 있기 때문이다.

나는 좋은 시를 발견하면 관리자들에게 보내 준다. 마음에 와 닿는 시는 자신의 부서 직원들과 공유하기 위해 관리자들이 게시판에 붙여 놓거나 메일로 전달한다고 한다. 물론 관심 없는 사람도 있지만 기다리며 재촉하는 사람도 있기에 나는 이 일에 보람을 느낀다. 바쁘고 긴장된 병원 업무이지만 짧은 순간 읽는 시 한 편은 비타민 같은 역할을 한다는 것이다.

계절마다 그림이 되고 시가 되는 강원도를 고향으로 둔 덕분에 내가 머무는 곳 어디든 시가 되고 그림이 되었다. 이제 곧 방송사의 해맞이 특집으로 내 고향 동해는 또 다시 그림이 되고 시가 될 것이다.

(2014.12.25.)

강원도, 그 애틋함에 대하여

송화가루 날리는 외딴 봉우리
윤사월 해 길다 꾀꼬리 울면
산지기 외딴집 눈 먼 처녀시
문설주에 귀 대이고 엿듣고 있다

강릉을 회상할 때면 내 머릿속에 가장 먼저 떠오르는 것이 박목월의 시 '윤사월'이다. 나는 1974년 묵호여중을 졸업하고 강릉여고에 입학하여 3월부터 유학생활을 시작했다. 새로운 환경, 새 학년, 새 학기의 첫 수업이 국어였고, 국어 교과서의 권두시가 '윤사월'이었다. 내 전공이 문학과 관련 있는 것도 아닌데 40년이 지나도록 이 시가 잊히지 않는 이유는, 이 시에서 느껴지는 쓸쓸하고 애잔한 정서가 내가 처한 그때의 상황과 맞물렸기 때문이 아닐까. '첫 만남', '첫 사랑', '처음처럼' 등 '처음'이 주는 효과가 이렇게 큰가 보다.

1977년 대학 진학을 위해 상경했고 서울대학교병원 간호사가 되었다. 여고시절을 되돌아볼 여유도 없이 바쁘게 살았지만 종종 강릉여고 시절의 교장 선생님이 생각났다. 교장 선생님의 특별한 배려로, 고등학교 3학년 때 나를 포함한 외지 출신 몇 명이 가정 과목 선생님과 함께 생활관에서 지냈다. 우리 모두 교장 선생님께 감사인사도 못 드린 채 졸업하여 서울로 떠났고, 졸업 후에도 찾아 뵌 적이 없었다. 은혜를 갚아야 한다는 생각은 들었으나, 휴대폰도 없던 시절에 어디에 살고 계신지 알 수 없었다. 그러던 어느 날 여고 졸업 20주년 행사를 알리는 연락을 받았다.

부푼 마음으로 서울에서 전세버스를 타고 동해관광호텔(지금은 현대호텔)로 향했다. 호텔직원이 내 가방만 받아주는 바람에 함께 간 친구들로부터 "잘 차려 입은 사람만 대접받는다."라는 야유를 받으며 호텔로 들어갔다. 행사장에서는 모두 한복 차림으로 반별로 앉았는데, 귀빈석에 사절단으로 참석한 시내 여러 학교 남녀대표들의 점잖은 모습을 보니 웃음이 나왔다.

행사 시작 직전 긴장감이 고조되었을 때, 초청 밴드의 경음악 연주로 학창시절에 인기곡이었던 김인순의 '여고 졸업반'이 흘러나왔다. 연주 시작과 동시에, 양복을 갖춰 입은 교장 선생님께서 입장하시는 순간, 눈물이 왈칵 쏟아질 것 같은 감동이 몰려왔다. 꼭 한번 뵙고 싶었는데 이렇게 뵙게 되다니…. 반 순서대로 고3 때 담임 선생님들께서 등장하셨는데, 각자 자기 반 담임 선생님이 입장할 때는 환호와 함께 더욱더 세게 박수를 쳤다. 참으로 감격적인 순간이었다. 'TV는 사랑을 싣고' 라는 당시 인기 프로그램의 감동이 이것과 다를 바 없었다. 반별 장기자랑, 한밤중에 호숫가 걷기 등 20주년 졸업행사는 그렇게 끝이 났다. 그 행사에서 우리 반 대표를 맡았던 난순이가 떠나는 버스에 올라 우리를 향해 작별인사를 하면서, 특유의 강릉 억양으로 “너네는 서울로 시집가서 좋겠다.”라고 하여 모두들 한바탕 웃으며 서울로 향했다. 행사 당일에 교장 선생님이 계신 테이블에 가서 인사는 드렸지만 미처 연락처를 여쭤보지 못하고 돌아온 게 후회가 되었다.

몇 해가 지난 어느 날, 병원 안내전화를 통해 근무지로 나를 찾는 전화가 걸려왔다. 교장 선생님께서 다른 대학병원에서 건강검진 후 위암으로 진단받고 난감해 하시던 중 내가 떠올랐다고 하셨다. 그 당시는 병원의 예약시스템이 체계적이지도 않았고, 수술을 받으려면 아주 많이 기다려야 했다. 나는 내 위치에서 최선을 다해 도와드렸다. 다행히 수술 후에는 테니스도 하실 만큼 건강해지셔서, 강릉시내에서 만나는 사람마다 붙잡고 김영미 덕분에 살아났다며 자랑을 하셨다고 전해 들었다. 하지만 병의 진행은 속수무책이었다. 나는 교장 선생님의 임종을 지켜 본 유일한 제자가 되고 말았다. 오래오래 사셨으면 더 바랄 게 없겠지만 부족한 제자에게 은혜 갚을 기회를 주신 것이라며 스스로 위로했다.

우연치고는 참 이상하다. 졸업 30주년 행사 때는 고3 때 담임 선생님이 위암 투병 중이셔서 행사장엔 참석을 못 하셨다. 쉰이 넘은 나이에도, 담임 선생님이 안 계신 반 친구들은 부모 잃은 아이처럼 기운이 없어 보였다. 행사 후에 우리 반 친구들은 담임 선생님과 노래방에서 따로 만나 사제의 정을 나누었다.

그 후 얼마 안 되어 서울의 다른 병원(남자 제자가 의사로 있는)에 입원하셨다는 소식을 듣고 시간이 되는 친구 셋이 병문안을 갔다. 예후가 좋지 않다는 것을 알았지만 그 순간만이라도 분위기를 밝게 하여 즐거움을 드리고자 노력했다. 그때가 5월이었고 스승의 날을 앞두고 있었다. 우리는, 선생님이 교육자로서 이룩하신 성과들을 언급하면서 보람을 느끼시길 바랐다. 선생님께 감사한 마음과 쾌유를 비는 편지를 써 온 순화는 편지낭송을 했고, 성경책을 가져온 혜순이는 성경구절을 읽어드렸다. 안타까운 마음과 함께 쾌유의 기적을 바라며 우리는 병실을 나왔다. 선생님뿐 아니라 사모님, 그리고 같은 병실의 다른 환자분들도 아주 감동했노라고 후에 전해 들었다.

언젠가 '여학생은 가르쳐 봐야 보람이 없다.'라는 말을 교직사회에서 한다고 들었다. 그래서인지 남자 제자보다 섭섭하게 느끼지 않게 해 드려야겠다는 무의식이 나에게 자리하고 있는 듯하다. 아들 없는 집안의 딸들이 느끼는 것처럼….

은사님, 친구 등 이런저런 인연으로 많은 고향사람들이 나를 통해 우리 병원을 다녀간다. 이들의 치료결과가 좋으면 나도 기쁘지만 결과가 나쁘면 나도 너무 슬퍼서 견디기 힘들다. 그렇지만 내가 아무런 도움을 주지 못해도 병원에 있다는 것만으로 든든하다는 이들이 있으니 참 감사하다. 아메리칸드림으로 간호학과를 선택했지만 우리나라에서 간호사로 사는 것이 내가 가야 할 길이었던 모양이다.

20여 년 전 어린이병원에서 수간호사로 근무할 때, 삼척에서 온 난치병 환아가 입원을 했다. 이 아이의 부모님은 모두 교통사고로 돌아가시고 외할머니가 유일한 보호자였다. 사연만 들어도 마음이 아팠는데 삼척에서 왔다니 더욱 신경이 쓰였다. 여름이면 병원 근처 지하철역 입구에서 삶은 옥수수를 팔았다. 어느 날은 대학로에 나갔다가 그 삼척할머니가 생각나 옥수수를 사다 드렸다. 수많은 사연 중에서 지금까지 기억나는 걸 보면, 강원도에서 왔다는 사실만으로 그렇게 마음이 끌렸던 모양이다. 삼척, 옥수수 그리고 외할머니라는 키워드 때문이었을까?

1998년까지는 '의료보험진료권 제도'라는 게 있어서 강원도민이 서울에서 진료 받으려면 도청소재지인 춘천에 가서 승인을 받아야 했다. 그 당시엔 우리 병원 예약시스템이 전산화되지 않았고, 예약을 하려면 직접 수납창구에 보험증을 가지고 가서 인적사항과 함께 돈을 미리 내야 하므로, 예약을 해 주는 일이 참 어려웠다. 그렇게 힘든 사정은 모르고 그 일과 관련해서 나에게 서운한 감정을 갖는 이도 있었을 것이다.

그 당시엔 무엇보다도, 강원도 사람들이 양질의 의료혜택을 못 받는 게 참 속상했다. 그러던 어느 날, 강릉에 아산병원이 생긴다는 소식에 정말 반가웠다. 아산사회복지재단에 감사한 마음까지 들었다. 고향사람들이 이전보다 더 나은 의료혜택을 받게 되었기 때문이다.

앞으로도 강원도에 좋은 일이 많이 생기길 기원한다.

'산지기 외딴집 눈 먼 처녀'에게 새로운 세상을

볼 수 있는 기적이 일어나듯이….

(2014.9.)

강원도 유람기

직장 동료들과 처음으로 강원도 여행을 했다. 고향에서 활발하게 살고 있는 두 친구, 영애와 정자의 초대로 기게 되었다.

생각지도 않은 남자 동창들까지 와서 유별난 환영을 해 주는 바람에 함께 간 직원들은 감동의 도가니에 빠졌고, 내 위신은 하늘 높이 올랐다. 이후 나는 각종 모임의 행사를 삼척, 동해, 강릉으로 유치하며 관광 가이드를 자처했다. 급기야 동해시로부터 감사패를 받고 '숨은 동해시 홍보대사'라고 강원일보에 기사까지 실렸다.

여행에서 돌아와 월요일에 출근해 보니, 일행 중 한 명이 원내 메일로 '동해안 여행 후기'를 써서 단체 메일로 보내 주었다. 무척 실감나게 표현하여 일부라도 옮겨 본다.

> 겨울 여행이라 추울 것 같아 별로 기대하지 않고 떠났지요. 버스 대여도 반값에 싸게 얻고 그 뒤로 계속 대접을 받아 이번 여행의 컨셉은 운수대통 여행이라고 해야 할 것 같습니다.

첫날 약간 쌀쌀했지만 병원을 떠나 상쾌한 공기와 아름다운 경치를 만끽하면서 잉크를 풀어 놓은 듯 푸른 바다가 내려다보이는 팰리스 호텔(삼척) 입구에 들어서자 '환영 서울대학교병원 외과간호과 워크숍'이라고 쓰인, 예상치 못한 대형 플래카드를 보고 소리치며 반가워했고, (중략) 남친1이 여성들을 위한 달콤한 와인, 맥주, 안주에 크리스탈 컵까지 방마다 냉장고에 미리 준비해 둬 친구들의 끈끈한 정을 느끼며 부러워했지요.

지역사회에서 활발하게 활동하는 정자는 호텔 입구 도로변에 환영 플래카드를 걸고, 남자 동창들을 동원하였다. 초등학교 동창 모임이 없는 일행들이라 다들 놀라 입을 다물지 못했다. 대본처럼 등장인물에 번호를 붙여 재미있게 글을 썼다.

버스를 타고 추암(동해) 촛대바위로 가니 남친2가 나와 우리를 안내하고 사진도 찍어 주고 바다 위 카페에서 맛있는 커피까지 잘 먹고…. (중략) 다시 바다가 보이는 묵호로 가서 중학교 때 오락부장이었던 영애 씨가 운영하는 부흥횟집에서 싱싱한 광어, 우럭, 세꼬시, 학꽁치, 문어, 대구탕(꼴깍-침 넘어가는 소리), 소라 무침, 말린 도루묵 조림, 명란젓, 오징어 부침, 잡채 등 맛있는 음식을 배불리 먹었지요. 버스에 올라타니 두 친구가 증정한 오징어 진미채와 한과 박스가 수북이 쌓여 있어 정신을 못 차릴 정도였습니다.

동해를 대표하는 횟집이니 음식 맛에 놀라는 건 당연한데, 친구의 기를 살리겠다고 음식에 선물까지 안겨 주는 고향 친구들의 정에 놀라 다들 어쩔 줄 몰라 했다.

> 망상 오토캠핑장으로 가서 나무로 지은 우아한 커피숍에 갔더니 그곳은 앞집 살던 동창의 언니가 운영하는 곳인데, 언니분은 나이보다 젊어 보이고 성격도 좋으셔서 다들 편안해했지요. H수간호사가 웃음치료를 하여 모두 열심히 따라 하며 즐거운 시간을 보냈습니다. (중략) 호텔로 돌아와 씻고 자려는데 남친들이 대게를 세 박스나 사 와서, 다들 배불러 못 먹는다고 하더니, 와인, 치즈, 육포까지 남김없이 먹어 치우고 껍데기만 수북이 쌓아 놓으니 나중에 친구들이 다 치우고….

출발 당일에 이렇게 많은 이벤트가 있었고, 가는 곳마다 문화 충격으로 다가왔다.

> 아침 일찍 친구의 안내를 받으며 후진 바닷가에서 일출사진을 찍고, 처음 먹어 보는 생태 김칫국으로 해장을 하였는데 칼칼했던 목이 언제 그랬냐는 듯 증상이 사라졌고, (중략) 아름답고 신기한 대금굴 관람을 끝내고 나오는 길목에서 이어폰으로 흘러나오는 가요 '무조건이야'에 맞춰 약속이나 한 듯 단체로 율동을 하였지요. 그리고 해신당 공원으로 가니 장승도, 의자도, 모든 물건이 남근 형상으로, 특이한 경험이었습니다. 공원에서 본 하늘엔 구름 한 점 없었고 바다색은 어찌나 선명

하던지요. 점심은 임원 항구에서 다양한 회와 매운탕을 실컷 먹었고요. 마지막으로 아름다운 옥계 휴게소까지 안내를 해 주어 바다가 보이는 커피숍에서 담소를 나눈 후 아쉬운 작별을 하며 서울로 돌아오는 환상적인 여행의 마무리를 했습니다. (중략) 초등학교 친구들의 끈끈한 정을 보면서 다들 부러워하며 감탄했습니다.

이 후기를 읽은 참석자들이 다시 전체 답장으로 보내는 감상문이 줄을 이었다. 그동안 꾹 누르고 있던 감성이 폭발하면서, 서로 몰랐던 문학적 소양을 알아보고 크게 놀랐다. 아주 많은 답글 중에서 몇 개만 옮겨 적는다.

'한겨울밤의 꿈처럼 여러 가지로 놀라고 감동받아 취한 듯 몽롱합니다. 이렇게 융숭한 대접을 받아 본 게 난생 처음이라 황공하고 감동스러웠습니다. 맛있는 것에 놀라고, 그 끈끈한 우정과 의리에 놀라고, 동해안의 그 푸~른 바다와 선물 그리고 공원의 그것들(?)에 놀라고…. 눈 감으면 그 흥분된 기억이 삼삼히 떠오릅니다.'

'정자 씨, 영애 씨. 호준 씨, 상출 씨, 상태 씨, 멸치 씨, 후배 군 등 고향 동창분들 딱 '대추나무 사랑 걸렸네'이네요.….'

'(중략) 어둠속에서 부서지던 겨울 바다의 파도소리가 외롭고 처절한 울음처럼 들리고 망막에 맺히는 하나하나의 풍경들이 비수처럼 가슴에 꽂혔습니다. 삼척에서 옥계 바다까지의 모든 풍경들이 꿈처럼 흘러갑니다. 남을 돌아볼 여유조차 없던 우리들 메마른 마음에 유년의 친구들은 불을 당겨주었습니다. 우리가 춥지 않도록, 따뜻함을 나누어 주었습니다.'

'가슴이 뭉클하고 눈물이 핑 도는 것이 저만 그런 건 아니었군요. 어릴 적 친구들이 어디서 무엇을 하고 있을까? 갑자기 달려가서 만나고 싶어요. 지금 밖엔 눈이 내립니다. 그 겨울바다에도 눈이 오고 있을까요~~~~~'

세월이 흘렀어도 그때를 생각하면 가슴이 뛰고 미소가 지어진다. 각박한 조직 생활로 메말라 버린 동료들의 감성에 불을 지핀 여행이기에 더욱 그렇다. 정작 했어야 할 워크숍은 뒤로 밀려나 서울에서 다시 날을 잡았다.

몇 달 뒤 삼척 바닷가 새천년도로를 지나게 되었다. 우리를 환영했던 플래카드가 호텔 입구에 그대로 걸려 있는 것을 보고 '언제까지 저렇게 환영하고 있을까?'라며 혼자 웃었다.

한동안 우리 과의 분위기는 황홀감에 취한 듯했다. 동료끼리 관계도 돈독해지고 팀워크가 하늘을 찔렀다. 다른 과 수간호사들한테 얼마나 자랑을 했는지, 만나는 사람마다 강원도 여행이 부러워서 우리 과에 소속되고 싶다고 했다. 함께 간 일행 모두 강원도 홍보대사가 되었고, 반갑게 맞아 준 고향 친구들에게 학창시절의 우정을 다룬 영화 제목 '써니'라는 별칭을 붙여 주었다.

강원도의 아름다운 풍광을 배경으로

감동 다큐멘터리를 만들어 준,

의리의 고향 친구들이 정말 고맙다.

(2018.3.)

문화 선구자

무슨 일이든 시작에는 용기가 필요하다.

수간호사 시절, 1992년에 미국 보스턴의 MGH(Massachusetts General Hospital)로 첫 해외연수를 다녀왔다. 이 지역의 병원은 세계에서 연수자가 몰려오므로 교육비를 많이 요구했다. 동부 이외의 지역에선 교육비를 받지 않던 때였다. 연수비용을 하루에 100달러를 요구하니 한 달이면 꽤 큰 금액이었다. 병원에서는 일일 생활비만 제공하므로 교육비는 개인이 지불해야 했다. 다른 지역의 병원으로 가야하나 고민도 했으나 의사(교수)들이 많이 다녀오는 그 병원에 꼭 가 보고 싶었다.

영어회화 강사인 미국인에게, 교육비를 깎아 달라고 하면 실례가 되느냐고 물어봤다. "그런다고 총을 쏘겠냐?"라는 대답에 용기를 얻어 가고자 하는 부서의 책임자(director)에게 편지를 썼다. 꼭 가 보고 싶은데 비용이 부담된다고. 이메일도 없던 시절에 조마조마한 마음으로 답장을 기다리던 중 비용을 반으로 해 주겠다는 편지를 받았다. 나중에 그 병원에 도착하자마자 디렉터에게 인사하러 갔더니 웃으며 반겨 주었다. 원하는 병원에 가서 많은 것을 배우고 다양한 사람을 만나고 왔다. 다음 해 같은 병원으로 연수 간 동료도 나처럼 비용을 깎아서 다녀왔다. 용기 내어 쓴 편지 덕분이었다.

해마다 연말이면 간호관리자 송년회가 열렸다. 나도 그랬지만 다들 평상복 차림으로 송년모임에 참석하고 있었다. 청바지 차림도 있었다. 일 년에 한 번 열리는 파티인데 서양 영화처럼 화려한 드레스를 입고 분위기를 내 보면 어떨까 하는 생각이 들었다. 미국에서 살고 있는 언니로부터, 유명한 영국제 꽃무늬 드레스를 선물로 받은 게 있었다. 등이 너무 파여 수선까지 했으나 입을 기회가 없었다.

1992년 연말 파티에 그 드레스를 입고 갔는데 난리가 났다. 사회자가 불러내어 단상에 올라가 인터뷰도 하고 최대의 찬사를 받았다. 그 후 해마다 다른 드레스를 입고 갔다. 내가 어떤 드레스를 입고 나타날지 궁금하다는 동료들이 생기니 기대에 부응해야겠다는 마음도 들었다. 어느 해엔 진행자가 즉석에서 '베스트 드레서 상'을 만들어 상품을 주었다. 그 후로도 여러 번 '베스트 드레서 상'이 행사 프로그램에 들어갔다.

참석자들의 복장에 변화가 생겼다. 점점 화려해지더니 어느 해에는 입사동기들끼리 이대 앞 드레스 숍에서 단체로 파티 복을 빌려 입고 등장하는 일까지 생겼다. 그렇게 해 보니 스스로 기분이 전환되어 좋다고들 했다. 간호과장들도 단체로 드레스를 빌려 입고 파티 분위기를 띄운 적이 있다. 언제부턴가는 과별로 드레스 코드를 정해서 참석하는 게 유행이 되었다. 연말 파티의 복장 문화가 진화된 것이다. 나 혼자 용기 내어 드레스를 입어 본 일이 부서의 파티 문화를 변화시키는 출발점이 되었다.

18년 전쯤, 행정수간호사일 때였다. 간호협회에서 '유재라봉사상'[1] 수상자 추천을 하라는 공문이 왔다. 그동안의 수상자들은 한센병 환자를 돌보는 소록도나 낙도 등 오지에서 봉사한 간호사들이었다. 이 공문이 오면, 늘 '해당 없음'으로 치부했다. 그런데 '상금 500만 원'에 눈길이 멈췄다. 동시에, 일요일이면 외국인 무료진료소에서 봉사활동을 한다는 간호사가 떠올랐다. 3교대 근무할 때는 일요일에 휴무 받기가 쉽지도 않을 뿐더러 금쪽같은 일요일을 꼬박 봉사활동에 쓴다는 게 쉬운 일은 아니었다. 이 점을 강조하여 추천서를 썼는데 선발되었다. 대도시 대학병원의 간호사로서 첫 수상자가 된 것이다.

어떤 대목에서 심사자의 마음이 움직였는지 알 수 없으나 추천서의 힘이라고 짐작했다. 축하 꽃다발을 들고 간 시상식에서, 그해부터 상금이 두 배로 올랐다는 발표를 듣고 환호성을 질렀다. 봉투를 열어 보니 세금 공제 후 천만 원짜리 수표가 들어 있었다. 무작정 낸 용기로 얻은 행운이었다.

내과간호과에서 근무할 때, 내과계 병동에 중증환자가 많다 보니 업무에 대한 부담으로 간호사들이 내과 병동을 기피하는 경향이 있었다. 중환자실 경험자가 내과병동으로 전보된 후 중환자실보다 더 힘든 곳이라고도 했다. 간호사 전출입이 잦으니 부서 근무 경력도 짧고

---

1 유재라 봉사상: 유한양행 창업자인 고 유일한 박사의 딸, 고 유재라 여사가 살아온 희생과 봉사의 삶을 기리기 위해 유한재단이 제정한 상이다. 매년 간호 · 교육 · 복지부문에서 수상자를 선정해 상금과 상패를 수여한다. 상금액이 점차 올라 2017년에는 2,500만 원이었다.

신입이 많아 간호 수기술도 서툴고 수기방법도 각기 달랐다.

2005년에 내과계 수간호사들이 내과계 간호사의 실무관련 지식과 수기방법을 표준화하기 위한 교육프로토콜을 만들었다. 후속으로 모든 내과계 병동에 교육 담당 간호사를 한 명씩 선발하였다. 본래의 업무를 하면서 추가로 하는 일이었다. 수간호사가 프로토콜에 따라 교육간호사를 가르친 후, 교육간호사가 새로 들어오는 간호사를 개별 지도하고, 시험 결과를 수간호사에게 피드백 하는 학습체계를 운영했다. 교육일이 근무일수에 포함되니 경영 관점에서 우려하는 시선도 있었지만 길게 봐야 한다는 신념으로 밀고 나갔다. 병동교육간호사 제도의 첫 사례였다. 이렇게 비공식적으로 시작한 교육 시스템을 다른 간호과에서 벤치마킹하더니 모든 간호과에서 도입했다. 훗날 간호부서 차원에서 공식적으로 확대 · 발전시켜 현재의 병동교육간호사 제도가 되었다.

한 간호과에 직원이 워낙 많다 보니 앞 병동 근무자라도 서로 모르고 지날 정도였다. 다함께 밖에서 모이는 일도 없었다. 병동별 교육간호사를 선발하듯 직원 화합과 재미를 담당할 간호사를 선발했다. 당시 이름을 '해피 리더'라고 지었고 동료들을 즐겁게 하는 일을 맡게 했다. 신년 · 송년행사는 물론이고 야유회도 주관했다.

2007년 봄, 처음으로 간호과 전체 직원이 낮번 근무 후 소풍을 갔다. 길 건너 병원 바로 앞 창경궁으로 가는데도 들뜨고 즐거워했다. 게임도 하고 근무지 밖으로 나오니 다들 좋은 모양이었다. 한번 시작하더니 계절별로 나가잔다. 장소는 점차 병원에서 멀어져 여름엔 여의도 고수부지, 가을엔 남산 팔각정, 이듬해 봄엔 과천서울대공원까지 다녀왔다. 소속감이 느껴지고 서로 친해져서 좋다고 했다. 그 많은 인원을 어떻게 움직였는지 놀랍다며 상사가 감탄했다.

다른 간호과에서도 점차 야유회 행사를 했다. 내가 외과간호과로 전보되었을 땐 그 부서만 팀 활동을 하지 않고 있어서 '아만나(아름다운 만남과 나눔)'라는 팀명으로 활동을 시작했다. 처음 야유회를 가려고 하자, 야유회를 반대하는 모 단체 간부들이 사무실로 몰려와 항의하고, 대자보에 올리기까지 했다. 낮번 근무 후에 출발하는데, 날이 밝을 때 야외로 나가기 위해 저녁 근무자가 일찍(30분~1시간) 나오게 되니 시간외 수당을 지급하라는 것이다. 실제 근무자들은 교대근무자로서 피차 입장이 같으니 기꺼이 배려하는 분위기였다. 그러나 병원을 시끄럽게 만든다는 이유로 내게 핀잔주는 이도 있었다.

'뭘 위해 이런 수모를 겪나. 아무것도 안 하면 오히려 편한데….'라는 회의가 들어 중단할까도 했다. 그러나 대부분의 직원들은 야유회를 가고 싶어 했다. 그래서 실행에 옮겼는데 즐거워하는 모습을 보니 잘했다는 생각이 들었다. 지금은 부서별로 기발한 팀명을 만들고, 화합을 위해 다양한 행사를 연례행사처럼 개최한다. 야유회 다녀온 사진을 게시판에 올리며 단합된 모습을 서로 자랑한다.

해외연수비용, 연말파티복장, 봉사상추천서,

교육간호사, 해피 리더, 야유회,

이 모든 일의 시작엔 용기가 있어야 했다.

깊이 뿌리 내려 문화와 시스템으로 자리 잡은 지금,

그 시작이 어땠는지 알 리가 없다.

돌이켜보니 선구자였다.

(2017.11.)

행복한 일터

병원 업무란 긴장의 연속이다. 다양한 직종이 모여 있으니 갈등의 소지도 많다. 하루 중 가장 많은 시간을 보내는 직장에서 직원들이 행복하길 바랐다.

외과간호과 근무시절, '훌륭한 일터'라는 용어가 유행했고 나의 관심을 끌었다. 훌륭한 일터(GWP: Great Workplace[1])란 '종업원들이 자신의 상사와 경영진을 신뢰하고, 자신이 하고 있는 업무에 자부심을 가지며, 함께 일하는 동료 간에 즐겁게 일할 수 있는 일터를 의미한다.'라고 했다.

행복한 일터를 만들기 위한 조직문화 증진활동을 했다. 팀 활동 명칭을 공모하여 '아름다운 만남과 나눔'을 줄인 '아만나'로 명명했다. 각 병동에서 한 명씩 추천 받아 '아만나 리더'로 임명하였다.

아만나 활동으로, 매월 과 전체 직원이 모여 신입, 전입, 전출자에 대한 환영 및 환송회와 월별 특별행사를 개최하였다. 수간호사로 구성된 합창반의 공연은 매번 직원들에게 감동을 선사했다. 병동의 각

1 로버트 레버링(Levering)의 저서 「훌륭한 일터」(great place to work)로부터 만들어진 'GWP(Great Workplace)'라는 용어. 기업문화가 뛰어난 곳.

종 리더 소개 및 격려, 아만나 월별 활동계획 발표, 원내외 포상직원 소개, 과내 자체 포상, 과내 질 향상 활동결과 발표, 병원과 간호부서의 주요 현황 설명 및 질의응답, 해외학회 참석자 발표, 인문학 특강, 메이크업 강좌, 야유회 등 다양한 활동을 했다. 당시엔 부서 활동에 대한 재정적 지원이 없던 터라, 인문학 특강은 병원월례회의에서 초빙 강사가 했던 동영상 자료를 빌려 직원들에게 보여 줬다.

아만나 활동에 대한 평가로, 부서 내 팀워크와 커뮤니케이션에 대한 인식도 조사를 실시하여 연구보고서[2]로 만들어 학회지에 발표하였다. 인식도 10개 항목에서 활동 전보다 활동 후에 모든 항목이 통계적으로 유의하게 향상되었다. 특히, 가장 많이 향상된 항목이 '우리 병원에는 한 가족이라는 소속감을 갖게 하는 조직문화가 있다.'여서 이 활동의 가장 큰 목표인 소속감 증진에 크게 기여한 것으로 파악됐다. 그리고 야유회가 '가장 기억에 남는 행사'로 집계되었고, '재미있고 즐거웠다'라는 응답이 많아 보람이 있었다.

암간호과 시절엔 '온리(溫里)'라는 이름으로 매월 간호과 전체 직원이 모이는 활동을 했다. 모임에서는 다양한 주제의 특강을 개최했다. 논문발표, 해외연수 보고회, 타부서 소개, 스트레스 해소법, 소통, 웃음치료 등 실무와 직접 관련된 주제뿐 아니라, 인문학과 예술방면에도 신경을 많이 썼다. 강사를 모시기 위해 인맥을 총동원했다. 인문학 특강 제목으로, 조선을 깨운 다산 정약용(다산 연구가), 평범한 유적에 깃든 비범한 이야기(역사 저술가), 생각이 바뀌면 삶이 바뀐다(인문학자), 글쓰기(소설가), 의료인에게 죽음이란(의사), 그림으로 본 서툰 사랑(의사), 여행에서 만난 미술관(큐레이터) 등이 있다. 오

2 김영미(2009). GWP 구현을 위한 조직문화 증진활동의 효과. 간호학의 지평, Vol.6(1).

페라 이야기(성악가), 영화음악에 빠지다(클래식 기타리스트), 섹소폰 4중주의 악기별 음색(연주단체) 등의 음악 특강에서는 음악가의 연주를 감상하며 평소 접하지 못한 분야에 대해 배울 수 있었다. 언젠가 연 초에 실시했던 사주역학의 활용과 삶의 태도(사주역학전문가)와 보석힐링(간호사 출신의 보석요법연구가)은 특이한 주제로 흥미로웠다. 어느 해 연말엔 와인에 대한 강의(와인 연구가)를 들으며 와인 에티켓을 배우고, 직접 병을 따고 마셔 보는 체험도 하면서 파티 분위기를 즐겼다. 다양한 주제였지만 각각의 강의마다 직원들을 감동시켰고, 지적 · 정서적으로 수준이 높아지는 것 같다며 기뻐했다.

간호과 중에서 유일하게 월간 소식지를 발행했는데 전자(electronic)신문의 의미를 넣어 'e-온리(溫里, ONLY)'라고 이름 지었다. 다양한 활동 소식을 원내 게시판에 올리고 병원포탈 뉴스레터에도 올렸다. 간호단위별 담당자와 편집, 디자인 담당을 두었다. 내용이나 구성이 전문잡지 못지않다고 극찬을 받았다. GWP의 구성요소인 신뢰, 자부심, 재미를 위해 필요한 게 소통인데, 모임과 뉴스레터가 부서 간, 직원 간, 상하 간 소통에 기여하고 있다니 격려가 되었다. 무엇보다 뉴스레터가 각 간호단위에서 수행한 일들의 기록이 되고 역사가 되는 것을 직원들이 직접 경험하고 그 의미를 깨달으니 기뻤다.

문예지에 발표했던 내 글을 부록으로 올리면 조회 수는 물론이고 댓글도 엄청나게 올라왔다. 우리 병원은 보통 댓글 쓰는 문화가 아닌데 'e-온리'에만 댓글이 많았다. 병동 소식이든 부록이든 읽고 나서 자기 생각을 공개적으로 표현할 수 있는 분위기가 형성되어 뿌듯했다. 댓글을 다는 직원들의 글 솜씨도 점차 발전하는 게 보였다. 부록으로 올릴 글이 없을 때는 평소에 찍어 둔 사진을 주제별로 모아 설명과 함께 올렸다. 글을 통해 직원들의 마음이 따뜻해지고, 자신을 되돌아보게 된다는 말에 내가 감동을 받았다.

보통 사무실은 딱딱한 느낌을 준다. 게다가 상사라는 직위가 주는 부담감 때문에 직원들은 긴장하고 어려워한다. 나는 아기자기한 카페 분위기로 사무실을 장식하고자 했다. 창가의 작은 화분들은 필수였다. 물리적 환경이 절대적인 영향을 미치는 것은 아니지만 누가 와서 어떤 이야기를 해도 따뜻한 느낌을 주고자 했다. 몇 해 전에 전체 직원과 개별 면담을 한 적이 있다. 이때도 찻집 분위기로 만들고자 병원 카페에서 미리 주문한 음료를 마시면서 이야기를 나누었다. 개인사, 가족사뿐 아니라 다양한 주제로 솔직하고 자유롭게 이야기하면서 서로 더 가까워졌다.

어느 날 휴일 아침에 TV를 보다 깜짝 놀랐다. 시사토론 프로그램이었는데 무대 배경을 카페처럼 만든 것이다. 딱딱한 주제를 편안하게 풀어 보자는 제작자의 의도가 느껴졌다. '편안한 환경에서 나오는 격의 없는 분위기 덕분에 보통 TV토론이나 대담 프로그램에서 보이는 딱딱한 대화들과 달리, 스스럼없이 대화를 이어간다.'는 평가를 인터넷에서 보았다. 내 생각과 일치해서 신기했다.

좋은 시와 글 그리고 그림이 있으면 직원들과 공유한다. 처음엔 업무와 직접 관련이 없는 일이라 혹시나 하는 마음도 있었다. 그러나 행복한 일터를 만드는 데는 정서적인 면이 중요하다는 것을 경험으로 터득하면서 확신이 생겼다. 그동안 나와 함께한 직원들이 진심으로 행복했노라 생각하면 좋겠다.

'직원이 행복해야 환자도 행복하다.'는

의미를 되새겨 본다.

(2017.11.)

작명作名

리우올림픽 개막식 중계방송을 보고 있었다. 각국 선수단이 전통복장으로 입장할 때 해설자가 국가에 대한 설명을 곁들이니 세계여행을 하는 듯했다. 특히 국가명에 담긴 의미를 들을 땐 귀가 번쩍 뜨였다. 나라 이름에도 뜻이 있다니 신기했다.

서아프리카에 있는 '부르키나파소'는 모시족 언어로 '정직한 사람들의 나라'라는 뜻이라 했다. 인터넷으로 찾아보니 부패 없는 나라를 만들겠다는 그 당시 정치 지도자의 의지를 나타낸 것이라 한다. 기억을 더듬어 참가국 몇 나라에 대해 더 찾아보았다. 인도양의 섬나라인 '코모로'는 달을 뜻하는 아랍어 '카르마'에서 유래되었다 하고, 서아프리카의 '기니'는 베르베르어로 '흑인의 땅'을 의미한다고 한다.

매일 출근하면서 무심코 지나던 도로의 이름이 율곡로인 것이 최근에서야 눈에 들어왔다. 충무로, 퇴계로 등 옛 성현들을 기리기 위해 붙인 이름일 것이다.

연회나 행사가 있을 때 주로 가게 되어 밝은 느낌을 주는 워커힐 호텔은, 한국전쟁에 참전하고 한국에서 교통사고로 숨진 해리슨 월턴

워커(Harris Walton Walker) 전 미8군 사령관을 기념해 붙인 이름이라니 숙연해진다.

내가 근무하고 있는 '암간호과' 라는 조직의 이름이 암병원 개원 시에는 '암진료간호팀'이었다. 직제가 바뀔 때 기존 이름 그대로 규정에 올라갈 뻔했으나, 집행부 회의 담당자에게 다급히 사정하여 새로 지은 이름으로 통과되게 했다. 호적처럼 한번 등록한 이름을 바꾸기 쉽지 않기 때문이었다. 다른 간호과 이름 앞에 내과, 외과, 소아, 수술 등이 붙은 것을 참고해서 '암간호과'로 지었다.

역할의 이름을 지을 때도 심사숙고한다. 우리 병원에서 환자안선 활동을 시작할 때, 병동별 간호사 대표를 뽑아 활동에 참여시키기로 했다. 그 역할을 담당할 간호사의 호칭을 짓기 위해 위원들이 수차례 의견을 내고 모아서 결정한 이름이 '환자안전지킴이'이다. 10년도 더 지난 지금까지 병원에서 맹활약하고 있는 환자안전지킴이를 볼 때마다 이름 짓느라 머리를 맞대던 일이 떠오른다.

간호과장이라는 직책을 맡으면서 '행복한 일터 만들기'를 모토로 소통과 화합을 위한 과내 직원 모임을 만들었다. 내과간호과에서 가장 먼저 만든 '해피 리더' 모임과 몇 년 후 외과간호과에서 만든 '아만나' 모임은 십수 년이 지난 지금까지 같은 이름으로 활동하고 있다. 그 이름 그대로 이어가는 모습을 보니 뿌듯하다. '아만나'는 '아름다운 만남과 나눔'의 줄임말로 공모에 의해 채택되었다. 유명한 아이스크림 이름과 발음이 비슷해서 부르기도 쉽다.

암병원 개원 후 간호과 전체 직원이 한자리에 모이는 회의체 이름을 만들기로 했다. 종로3가 전철역에서 본 광고문구의 글자가 떠올라 따뜻할 온(溫)을 제시하자 한 수간호사가 마을 리(里)를 붙여 '온리(溫里)'로 정했다. 따뜻한 마을이라는 뜻도 좋고 발음은 영어로 ONLY라 부르기도 쉽다. 직원들끼리는 '온리'라는 이름으로 통한다.

암간호과에서 발행하는 월간소식지는 직원 모임 명칭 '온리' 앞에 '전자'를 뜻하는 electronic의 'e'를 붙여 'e-온리(溫里, ONLY)'라 이름 지었다. 인트라넷 부서소식란(게시판)에도 올리고 병원포탈 매거진에도 올린다.

'암병원 음악풍경', 암병원 3층 로비에서 열리는, 환자를 위한 고품격 인기 음악회의 이름이다. 계절 따라 펼쳐지는 창밖 풍경을 바라보며 연주를 감상하다, 고개를 들어 플래카드에 적힌 '암병원 음악풍경'이 눈에 들어오면 무릎을 치게 된다. 어쩜 이렇게 딱 어울리는 이름일까! 이 이름도 '아만나'와 온리의 '리'를 제안한, 작명에 뛰어난 소질을 지닌 후배 수간호사의 응모작이다.

얼마 전 강릉에 살고 있는 후배로부터 연락이 왔다. 아들이 경포에서 커피숍을 오픈하는데 카페 이름을 지어달란다. 여러 개를 지어 보냈는데 채택이 안 됐다. 다양한 의미의 많은 후보작을 보며 상호 짓기도 참 어렵겠다는 생각을 했다.

일순이와 이순이, 갑순이와 을순이, 금순이와 은순이, 한미와 두미 이런 이름은 형이나 언니의 이름을 유추할 수가 있어 놀리기도 한다. 자녀를 많이 낳던 시절에는 이름에 숫자가 차례로 들어가는 것을 종종 볼 수 있었다. 루쉰의 단편소설 「풍파(風波)」에 등장하는 인물의 이름은 육근, 칠근, 팔근, 구근으로, 그 동네에서는 태어날 때 저울추로 무게를 달아 이름 짓는다고 했다. 소설에서도 특이한 동네라고는 했다. 이렇게 순서나 숫자를 기준으로 이름 지을 때는 별로 고민하지 않을 것 같다.

남아선호사상으로 딸을 낳으면 다음에는 아들이기를 바라며 지은 이름도 다양하다. 말순, 말숙, 후불, 후남 등의 이름뿐 아니라 사내 남(男), 끝날 종(終)을 넣는 건 흔한 일이었다. 아들을 바라서 지은 '고만'이란 이름은 최근에 처음 들어 봤다. 아예 딸은 고(그)만 낳으라고 지어 주셨다고 한다. 본인은 싫어해도 귀엽고 재미있게 들린다.

출생지를 자녀의 이름으로 짓는 경우가 있다. 플로렌스 나이팅게일(Florence Nightingale)은 이탈리아 피렌체에서 태어나 영어식 지명인 플로렌스로 지었으며, 나폴리에서 태어난 플로렌스 언니의 이름은 나폴리의 그리스식 지명인 파시노프로 지었다고 한다.

오래전에 수탁병원(영등포)의 행려병동에서 근무할 때, '불(不)강남'이라는 환자의 이름이 이상해서 물어보니 성도 모르고 강남 거리에서 발견된 무연고 환자여서 그렇게 부른다고 했다. 가여웠다.

본원에서 할머니의 이름이 '갓난'인 것도 봤다. 태어날 때 갓 낳았다고 지은 이름이 할머니가 되어서도 '갓난'이다.

태어난 순서대로, 무게대로, 다음에 태어날 아이가 아들이길 바라며, 태어난 장소와 상황에 따라 다양한 방법으로 이름을 짓는다. 또한 아이가 좋은 팔자로 살기를 기원하며 생년월일에 맞춰 이름 짓느라 작명가를 찾기도 한다. 출생 시 부여받은 이름이 마음에 안 들거나 인생이 잘 안 풀린다고 생각하며 바꾸는 일도 있다. 그만큼 이름이 개인의 삶에서 중요한 부분임을 알 수 있다.

사물이든 사람이든 그 숱한 이름 속엔 의미가 담겨 있다. 하나의 이름에 의미를 담기 위해 들이는 수고와 정성을 생각하면 이름 짓는 일이 참 숭고하게 느껴진다.

'부모로부터 처음 받는 선물이 이름'이라는 출근길 방송 멘트를 들으며 오래전에 돌아가신 아버지를 떠올렸다. 내게 이름 지어 주실 때 이런 소망을 담으셨나 보다.

영미, 꽃부리 영(英), 아름다울 미(美),

아름다운 꽃이 되라고….

(2017.3.25.)

사랑하는 온리 가족 여러분

엊그제 마련해 주신 깜짝 이벤트에서 정말 깜짝 놀랐습니다.

"과장님, 우리 과장님!" 저를 부르는 정겨운 문구의 플래카드, 눈물의 편지 낭송, 우쿨렐레 연주와 이중창, 장미꽃을 든 병동 대표들의 합창, 감쪽같이 수집한 사진으로 제작한 앨범과 동영상, 백과사전 분량의 손 편지 묶음, 행복정원의 꽃에 둘러싸인 제 모습의 진흙 인형, 이 모든 걸 비밀리에 준비하느라 들인 정성과 수고에 어떻게 보답해야 할지 모르겠네요.

Mary Hopkins의 Those Were The Days가 흘러나올 때 현실감이 들었습니다. 선배님들 퇴임행사에서 배경음악으로 즐겨 넣던 그 음악을 내가 주인공이 되어 듣다니 만감이 교차했습니다. 행사 내내 고개를 돌리고 있던 것 눈치 채셨지요? 눈물이 쏟아질까 봐….

암병원을 내 집처럼 아끼며 자랑스러워하는, 무한 신뢰와 사랑을 제게 주신, 선한 여러분을 두고 준비 없이 떠나려니 마음이 미어집니다. 저의 안위를 위해 법당에 기도를 올려주신 여사님, 타로나 육효 등 다양한 방법으로 저를 걱정해 주던 여러분들의 그 마음 잊지 않겠습니다.

신취업규칙과 임금피크제, 전 직원(의사 외)에게 불리한 제도임에도 '병원이 살아야 우리도 있는 거'라는 설명을 믿고 따라 주셨던 여러분께 무한 감사와 참회의 마음을 전합니다. 그때는 맞고 지금은 틀렸네요.

그 새벽의 고수레부터 행복정원의 배롱나무 꽃이 피었다 지는 동안 우리는 신나게 일하며 사랑하며 시간 가는 줄 몰랐습니다.

유행가 가사가 맴도네요.

암간호과, 따뜻한 마을, 온리(溫里)에서 살았던 건

제 인생에 영원히 남을 화려한 축제였습니다.

이제는 추억 속에서 다시 만나렵니다.

Never forget, Oh my love, 溫里!

(2017.4.)

내 고향 강원도

– 정선 · 임계의 추억 –

강원도 정선군 임계면 송계리 2구의 '큰 송방댁' 이라 불리던 기와집은 내 가장 오래된 기억 속에 있는 외갓집이다.

지금으로부터 6년 전, 2008년 초봄에 대학원동기들과 경남 하동으로 매화구경을 갔다가 박경리의 대하소설 '토지'의 주된 배경인 '최 참판댁'을 들르게 되었다. 언덕길 옆 '용이네'라는 팻말의 초가집을 지나 '최 참판댁' 대문에 들어설 때부터 익숙한 느낌이 들더니 안채의 대청마루에 다가서는 순간, 임계 외갓집과 외할머니가 오버랩 되며 왈칵 눈물이 쏟아질 듯했다. 까맣게 잊었던, 반세기 전 세월이 벌떡 눈앞에 다가오기라도 한 듯 왠지 모를 감정이 북받쳤다. 학위논문을 마치면 '토지'를 모두 읽고 다시 이곳을 방문하리라 굳게 맘을 먹었다. 그리고 나 자신과 맺은 그 약속을 3년 후에 지켰다. 임계에서 중학교까지 다닌, 70년대 중반 미국으로 이민 간 언니와 2011년 봄에 '최 참판댁' 세트장을 둘러보며 50년 전 임계 외갓집으로 추억여행을 했다.

큰 송방댁

임계의 중심 시가지 로터리에 자리하고 있던 외갓집은 대문이 여러 개 있었다. 앞마당 왼편 골목 끝의 빗장 달린 두 쪽짜리 나무문, 뒷마당의 양철문, 그리고 앞마당 오른쪽 골목 끝에 텃밭으로 나가는 쪽대문이 있었다. 앞마당 오른쪽엔 사랑채가 있었고 그 옆엔 곳간(당시엔 고간이라 불렀다)이 있었는데, 곳간 열쇠는 늘 잠겨 있었고 어른들이 문을 열 때 으스스한 느낌으로 살짝 들여다보면, 컴컴한 내부에 나보다 덩치가 큰 항아리들이 늘어서 있었다. 곳간 옆엔 장작과 볏짚이 쌓여 있는 헛간이 있었고, 쪽대문을 열고 나가면 들어가기 정말 싫었던 재래식 화장실이 있었다. 텃밭의 한 쪽엔 돼지우리가 있었는데 그 당시 돼지는 검은색만 있는 줄 알았다. 텃밭의 호박, 깻잎, 상추를 따러 심부름 갔다가 젖을 먹는 돼지 새끼들을 들여다보곤 했다. '최 참판댁' 세트장의 부엌보다 훨씬 큰 부엌엔 밑 부분이 광으로 된 넓은 마루가 있었고, 맞은편엔 아궁이가 달린 다양한 크기의 가마솥들이 여러 개 있었다. 밥 짓느라 땐 장작불 숯은 질화로에 담아 방안에 들여 놓았다. 안방의 부엌 쪽 벽면에는 횃댓보로 가려진 벽장이 있었는데, 외할머니는 옥양목에 수놓은 그 횃댓보를 비밀스럽게 젖히고 벽장에서 곶감이며 맛있는 것들을 꺼내주시곤 했다. 앞마당에는 장독대가 있었고 장독대 양 옆엔 자두나무와 배나무가 있었다. 당시엔 '꽤'라고 불렀던 그 자두의 맛은 아주 시었고 달지도 않았으나 주전부리할 수 있는 몇 안 되는 과일이었다. 뒷마당은 남향이어서 앞마당보다 환했고 뒷마당의 꽃밭엔 많은 꽃들이 있었는데 기억이 나는 건 이름만 들어도 정겨운 채송화와 맨드라미이다.

임계 사람들

외할머니 댁엔 여러 채의 가구가 세 들어 살고 있었다. 그 중에서 잊을 수 없는 댁은 외할머니와 가족같이 지낸 근오네다. 근오 어머니는 독실한 기독교인으로 매사에 반듯하여 외할머니가 의지하는 분이셨다. 내가 커서 돈 벌면 찾아뵈어야지 했는데, 대학 다닐 때 돌아가셨다는 소식에 너무나 안타까웠다. 외갓집은 시내 로터리에 있었으므로 장날이면 많은 이들이 들렀다. 특히나 근오의 외삼촌인 김대중 면장님 댁 친척들이 낙천에서 오시면 들르셨다. 작년 말경 우연한 기회에 서울에서 살고 있는 근오 소식을 듣고는 어찌나 반갑던지…. 먼 옛날 기억 속의 그리운 외할머니와 근오 어머니 생각에 눈물이 멈출 줄 몰랐다.

옥계와 강릉에 사시던 외할머니의 손윗동서들이 모두 모여 외가에서 주무신 적이 있었다. 침침한 전등불에 책을 갖다 대고 내가 동화를 읽어 드릴 때 비녀 꽂은 세 분 할머니들께서 즐거워하시던 모습이 민화 속 장면처럼 떠오른다. 그 동화내용이 '청개구리'였으니 초등학교 국어교과서였던 것 같다.

'신 서방', '이 서방'으로 불리던 나무하는 할아버지들, 외할머니한테 매 맞는 나를 보호하려다 제 손등을 맞았던 부엌일 돕던 '일녀' 언니, 이분들의 호칭마저 소설 '토지'에 등장하는 듯하다.

외갓집 뒷마당 길 건너엔 차부(버스정류장)가 있고 그 옆에 붕어다방이 있었는데 지금은 이층으로 옮겼지만 아직도 그 이름 그대로여서 그곳을 지날 때면 그렇게 반가울 수가 없다. 뒷마당 맞은편 인해네가 운영하던 차부, 식료품 가게, 이발소, 일동이네 책방집, 홍씨네 신발집, 미랑상회. 바람불이포목점, 뒷말 등등…. 정말로 그리운 명칭들이다.

외삼촌은 정선, 사북 등지에서 초등학교 교장을 하셨고, 외할머니의 남동생('여량 할아버지'라 불렀다)께서는 여량에서 여량상회를 운영하셨다. 여량 할아버지 댁에서 한겨울에 많은 친척들이 이 방 저 방에서 묵었고 방이 쩔쩔 끓어 땀을 흘리며 잤던 기억이 있는데 명절이었던 모양이다. 여량은 물론 정선, 사북을 갈 때면 나룻배가 버스를 싣고 강을 건넜다. 소설 '토지'를 읽을 때는 소설 속 섬진강 나룻배를 여량의 그 배로 상상하며 읽었다.

임계에서 묵호로 가는 백복령 정상에 눈이 쌓였을 때 어른들이 내려서 동해상사 마이크로버스를 밀어 시동을 걸던 생각에 미소가 지어진다. 쌓인 눈 때문이었는지 오르막이어서 그랬는지는 모르겠다. 임계에서 강릉으로 가는 삽당령 고갯길에서는 높고 좁은 도로가 무서워 차만 타면 눈을 감고 잠을 잤다.

어린 나이였음에도 뒷마루에 걸터앉아 멀리 산 넘어 하늘을 바라보며 늘 누군가를 그리워했던 기억이 난다. 그리움의 대상은 아마도 엄마를 포함한 식구들이었을 것이다.

나는 임계국민학교를 3학년 1학기까지 다닌 후 묵호로 전학을 갔는데, 내가 임계를 떠난 뒤에도 방학 때면 언제나 임계에 가 있었다는 사실을 이번에 만난 근오가 기억해 줘서 알게 되었다. 방학하여 내가 임계에 갈 때마다 도착한 버스에서 차창으로 내다보면 할머니가 뒷마루에 서서 버스를 바라보고 계셨고, 내가 버스를 타고 떠날 때도 외할머니는 하염없이 버스를 바라다보셨다. 나마저 임계를 떠난 후 그 큰 집에서 외할머니는 얼마나 외롭게 사셨을까 이제 와 생각하니 마음이 저려온다.

유년의 풍경

'…모래알로 떡 해놓고, 조약돌로 소반지어….' 냇가에서 소꿉장난을 해 보지 않은 사람이 이 동요의 가사를 공감할 수 있을까? 그 시절 냇가는 아이들의 놀이터였다. 강 건너 마산봉에서 사생대회를 하던 일, 웃임계 가는 다리 밑 강가에서 언니가 돌이끼로 손톱에 봉숭아 물 들여 주던 일, 내 눈에는 띄지 않던 냉이를 캐겠다고 찌그러진 대야를 들고 동네 언니들 따라다니다 빈 대야만 들고 민망하게 집으로 돌아오던 일, 메뚜기는 한 마리도 못 잡으면서 동네 아이들과 마른 논 위로 뛰어다니던 일, 모내기할 때 은백색의 양은 주전자를 들고 양조장에 가서 막걸리를 받아 오며 맛을 보던 일, 논에 직접 모를 꽂아 보다 허리가 끊어질 듯 아팠던 일, 심부름으로 논에 물길 막으러 갔다가 이웃 논의 주인아저씨가 물길을 못 막게 하여 속상해 하며 돌아왔던 일들은 내 또래의 경험으로 흔하지 않을 것이다.

임계 국민학교 시절엔 나보다 나이가 몇 살 위인 동창들도 있었고, 보자기에 책을 싸서 어깨와 허리에 비스듬히 메고 다니는 남자 아이들도 있었다. 어느 해인가 소풍갈 때 외할머니께서 챙겨주신 2홉들이 소주병에 담은 머루주를 미락(낙천)까지 들고 가서 담임 선생님께 드렸던 기억도 새롭다.

임계에서 가장 친하게 지냈던 제재소집 딸 윤준기(후에 '서경'으로 개명)는 리틀 미스코리아로 뽑히기도 했고, 그 당시 인기 학생잡지 '학원'의 표지 모델이었을 만큼 얼굴이 예뻤다. 목재가 쌓인 넓은 마당과 밝고 편리한(특히 화장실) 일본식 집인 준기네서 많이 놀았고 준기네 거위한테 쫓겨 옷이 찢어진 일도 있었다. 또 친하게 지냈던 양조장 집 딸 마금순은 나한테 붕어빵을 잘 사 줬다. 초등학교 입학 무렵 금순네 집에서 산수공부를 하면서 더하기(+)의 의미를 몰라 답답해했던 기억이 난다. 몇 년 전에 정선에서 살고 있는 친정오빠네 들렀다가 송어횟집을 운영하고 있는 금순이를 40여 년 만에 만났는데 옛 모습은 전혀 기억해 낼 수 없었다.

임계 음식

외할아버지 제사나 외할머니 생신 때는 각지에서 친척들이 모여 잔치가 벌어졌는데, 이때는 집안에 사람들이 북적거리며 들기름 냄새가 진동하였다. 그 기억 때문인지 지금도 나는 들기름이 정말 좋다. 고향의 냄새이기 때문이리라. 무엇보다도 내가 제일 좋아하는 음식은 감자전이다. 강판에 간 감자에 풋고추와 호박을 썰어 넣어 솥뚜껑에 부치는 그 감자전 말이다. 10여 년쯤 전에 백복령 휴게소 1호(할머니)집에서 감자전을 먹은 후의 감격은 표현할 길이 없었다. '그래, 이 맛이야!' 그 뒤로 기회만 되면 감자전을 먹으러 백복령을 찾아가곤 한다. 방학이 끝날 때면 나오던 찰옥수수의 맛도 잊을 수가 없고, 아무런 양념도 넣지 않은 청 갓김치, 옥수수 가루로 만든 올창묵, 근오 엄마께서 잘 만드셨던 콩갱이라 부르던 국, 막장으로 만든 작은 뚝배기의 빠글장, 옥수수 엿, 그 이름과 맛은 그때 그곳에서 살았던 사람들만 공감할 수 있으리라.

'큰 송방댁'의 전성기와 쇠락-외할아버지의 자선비-

1991년 여름, 미국 하버드대학교의 샌더극장에서 조카의 합창공연을 관람하면서 강원도 산골 임계에서 나고 자란 우리가 세계의 중심인 이곳에 와 있다는 게 얼마나 대단한 일이냐며 언니와 함께 웃었다. 아흔이 가까운 친정엄마를 만나서 듣게 되는 외갓집 역사에 귀 기울이는 걸 보니 나도 이젠 나이가 들었나 보다. 외갓집이 '큰 송방댁'으로 불린 이유를 내 나이 쉰이 넘어서 알게 되었다(송방: 예전에, 서울에서 개성 사람이 하던 주단이나 포목을 파는 가게를 이르던 말). 90여 년 전엔 낙천에 금광이 있어서 임계에 유입된 인구가 많았다고 한다. 외할아버지께서 사업을 하셨는데 임계에 '임원상회'라는 상호로 본점이 있고, 정선, 여량, 동면, 하장, 남면 등 인근지역에 지점이 7개가 있었으며 강릉에는 연락 사무소 겸 각 지점에 전달할 물건의 집하장이 있었다고 한다. '임원상회'에서는 면장갑과 양말을 직접 짜는 공장도 운영하였단다. 상점에서 취급하는 물건은 비단, 인견, 장갑, 양말, 수건, 미곡, 술, 과자, 광부들의 작업복 등 만물상점이었으며 점원, 경리, 마부 등 온 동네 주민들은 상점의 직원들이었다고 한다. 약 83년 전(1931년경)에 30대 중반의 젊은 나이에 외할아버지가 돌아가시자 임계 주민들이 그의 공덕을 기리는 자선비를 세웠다고 한다. 임계 천주교 앞 큰길가에 세워졌던 자선비는 그 땅이 팔린 후 가목리 가는 길가(웃임계)에 옮겨졌으며 몇 년 전 처음으로 들러 보았는데 잡초로 둘러싸여 있어 식별하기도 어려웠다. 몰락한 가문의 상징인 듯 가슴이 쓰려 왔다.

에필로그

언제부턴가 막연히 임계에 대한 추억을 글로 써 보고 싶다는 생각을 했었다. 시간에 쫓기는 부담감도 있었지만 50년 전의 소중한 추억들을 기억해 내는 일이 즐거웠고, 정서발달에 중요한 시기인 유년기를 임계에서 보낸 것이 축복이었음을 되새기게 되었다. '시골 출신'이라 무시당하던 스무 살 시절도 있었지만, 정서(감성)지능의 중요성이 강조되는 이 시대에 남들이 부러워하는 '시골 출신'이 되었으니 참으로 감사한 일이다.

(정선군보-아리리사람들, 2014.4.1.)

책을 내고 나서

간호사 김영미

'2018 평창 동계올림픽'이 낳은 전 국민 유행어, "영미, 영미~."

전철 안에서도, 길을 걷다가도 나를 부르는 줄 알고 깜짝 놀라 쳐다본 적이 여러 번 있다. 아이들이 컬링 흉내를 내면서 '영미'를 외치고 있었다.

우리 77학번은 '58년 개띠'라는 수식어가 붙어 다니고, 고등학교 입시가 없어진 학년으로 세대를 구분하는 기준이 되기도 한다(참고로, 나는 강릉에서 고등학교 입학시험을 봤다). 고속버스 터미널이 동대문에, 공과대학이 공릉동에 있을 때 공대에서 입학시험을 봤다. 청량리에서 공릉동 반대 방향의 버스를 타는 바람에 면접시험에 지각했다. 시골 소녀의 서울 생활은 이렇게 시작되었다. 아메리칸드림의 수단으로 간호학과를 지원한 나는 가능한 한 빨리 한국을 떠날 마음으로 기숙사에서 짐도 풀지 않았다. 그랬던 내가 정년이 다 되도록 서울대학교병원을 다녔다. 인생이 계획대로 안 되기도 하지만, 우연히 되는 일도 있다.

2015년 봄, 외가 이야기 '큰 송방댁'으로 수필가 등단을 했다. 서울대학교병원 간호과장이 수필가로 등단했다고 간호협회 신문에 실리기도 하고, 병원협회의 병원신문에 인터뷰 내용도 실렸다. 병원신문(2016.8.29.)에 실린 내용의 일부를 옮겨 본다. (중략)

계간지인 '창작수필'과 강릉사랑문인회의 '강릉 가는 길'에 원고를 내오던 중 내 글을 읽고 감동했다는 독자들의 반응에 놀랐다. 병원이 댓글 다는 문화가 아닌데도, 원내 게시판에 올린 내 글보다 더 멋진 댓글로, 저자와 다른 독자들을 감동하게 하는 의리의 댓글부대는 큰 힘이 되어 주었다. 직종을 불문하고 아주 고맙고 특별한 독자들이었다. 글의 힘이 대단함을 깨달았다. '간호사로서 자부심이 생긴다.'는 표현을 볼 땐 보람이 느껴졌다. 간간이 내 글을 읽은 후배 교수가, 간호학생들에게 권장 도서로 소개하고 싶다고 하여 책 발간을 생각하게 되었다.

지난 6월, 40년 세월을 보낸 연건 캠퍼스를 떠나는 때에 맞춰 책을 냈다. 책이 나오자 강원일보, 각종 의료계 신문, 간호사 신문, 조선일보의 '북스 한 줄 읽기'에 소개되었다(인터넷에서 '간호사 김영미'를 검색하면 볼 수 있다).

인터넷 서점에 장문의 후기를 올려 주는 간호사 후배들, 간호사가 아니어도 기사에 격려의 댓글을 달아 주는 분들, '간호관리자의 교과서'라고 말해 주는 관리자 후배들, 책을 읽고 감동했다며 눈물을 글썽이는 독자들, 간호사가 병원에서 이런 일을 하는지 몰랐다며 간호사에 대한 인식이 달라졌다는 사람들. 모두모두 참 감사하다. 물론 책을 받고 책장을 열어 보지 않은 이들도 있다. 책을 대량으로 구매해서 지인들한테 선물하는, 대단히 고마운 분들께는 부담을 드린 것 같아 죄송한 마음도 든다. 메신저로 보내온 많은 감상문 중 몇 편을 소개할까 한다.

강릉여고 46기 후배 홍지영입니다. KTX 안에서 선배님 책을 완독했어요. (중략) 동문회에서 처음 뵈었을 때 참 배우 같으시다~(ㅎㅎ)' 생각했었는데 책장을 덮으니 새로운 세 이미지가 떠오르네요. '행정가로서의 나이팅게일, 큰 송방댁 외손녀, 그리고 1%의 가능성을 실현한 행동가!' 모두 착착 가슴에 와 닿습니다. 논문 이상의 의미가 있는 책 출간 축하드리고, (중략) 전문가적 수필이라고 해야 할까, 의료철학이 배어있으나 너무 어렵지 않고, 박제화된 의료인의 이미지를 새롭게 푸셨고, 잊고 있던 고향의 향수를 환기시켜 주셨습니다.
(홍지영 영화감독)

(50권 구매에 대한 감사 표현에) 더 사야 하는데요, 쉽게 알 수 없는 노하우와 사연들이 흥미롭게 적혀 있어요. 정말 멋있는 분과 병원 생활을 같이 했다고 자랑하고 싶습니다.
(정현훈 서울대병원의료혁신실장)

(중략) 평생 노력해 오신 혁신의 과정과 결과들이 생생하게 느껴져서 가슴이 뭉클하였습니다. 지금도 분명 제2, 제3의 김영미 선생님들이 병원과 의료계의 혁신을 위해 노력하고 계시겠지요? 선생님 책을 읽고 저 또한 좀 더 분발해야겠다고 다짐해 봅니다. 에세이인 줄 알고 가볍게 읽기 시작했다가 역사책을 읽은 느낌이네요.

개인적으로는 '감정노동자의 눈물' 편이 가장 감동적이었습니다. 신생아실 사망사건 등 의료계를 둘러싼 여러 문제들이 산적해 있는 현 상황에서 선생님의 글을 통해 따뜻한 마음과 열정, 그리고 문제를 해결할 수 있는 능력까지 3박자를 함께 갖춘 리더분들이 더 많이 의료계에 나와 주셨으면 좋겠습니다. (중략) 서울대병원 이후의 다음 Round 활동도 기대하고 있겠습니다.

(정희두 헬스브리즈 대표)

한 편의 수필에 대한 제목도 정하기가 쉽지 않은데 책 제목은 더욱 어렵다. 여러 안이 나왔지만 흡족하지 않았다. 전 국민 유행어, '영미'가 떠올라 '간호사 김영미'로 붙여 보았다. 우연히 미국 간호사들이 쓴 수필집을 보다가 'Nurse Carrie', 'A Nurse Named Mary'라는 제목이 있어 안심하고 결정했다. 누군가 물었다. '의사 누구' 라는 책 제목은 없지 않느냐고….

서울대학교 간호대학 동창회보(2018.12.)

환갑 단상

'집안의 할머니, 할아버지께서 환갑을 맞으셨다는 말을 들어 보았나요? 환갑은 예순한 살(61세)을 이르는 말이에요.' 어린이에게 환갑에 대하여 설명하는 문장을 인터넷에서 보았다. 그러고 보니, 환갑이 지난 나는 사회 통념상 할머니인 것이다. 당사자인 나는 그렇게 생각하지 않았는데 말이다. 환갑, 還 돌아올 환, 甲 갑옷 갑.

작년에 수필집을 내면서 서문의 제목을 '한 바퀴 돌며'로 정하고, 첫 문장은 '무술戊戌 년, 육십갑자 인생 한 바퀴 돌았다.'라고 시작했다. 마침 그때 서울대학교병원 문학회의 초대 회장이신 정준기 교수님께서 '환갑을 맞은 후배에게'라는 제목의 글을 원내 게시판에 올리셨다.

주옥같은 글 중 다음의 내용이 특히 와닿았다. '동양의 세계관에서 간지[1]는 우주 만물이 순행하는 주역의 기본 단위로 환갑은 그저 60번

1 간지(干支): 갑을병정무기경신임계(甲乙丙丁戊己庚辛壬癸)를 십간(十干)이라고 하고 자축인묘진사오미신유술해(子丑寅卯辰巳午未申酉戌亥)를 12지지라 한다. 갑(甲)은 십간의 으뜸이고 자(子)는 12지지의 첫 번째이다. 이들 10개의 천간과 12개의 지지를 상하로 짝을 맞추어 갑자(甲子)에서 계해(癸亥)에 이르기까지 60조 간지가 된다(네이버 지식백과, 역학사전, 2006. 2. 10.).

째 맞는 생일이 아니라 간지가 완전히 한 바퀴 돌아 원점으로 돌아가는 시점입니다. 즉, 다른 삶의 길을 시작하는 셈이지요. 공부에 비유하면 환갑을 지나며 배웠던 것을 다시 학습하는 단순 반복이 아니라, 그간의 실패와 성공에서 얻은 경험을 바탕으로 새롭게 공부하며 더 나은 인생을 사는 계기가 됩니다.'

신기하게도 나는 환갑에 다른 삶의 길을 시작하게 되었다. 우선 직업이 바뀌어 대학에서 학생들을 가르치게 된 것이다. 그런데 예상하지 못한 상황에 직면했다. 학생 수가 많지 않아 전공 외에도 기초과목들을 맡아야 했다. 여러 과목의 강의를 준비하려니 눈앞이 깜깜했다. 이미 학기는 시작되었는데 그만두겠다고 할 수도 없었다. 그중에서도 생리학이 가장 부담스러웠다. 40년 전에 배운 내용이 기억날 리도 없고, 기본 원리부터 공부해야 하니 밤새는 일은 다반사였다. '이 나이에 왜 이런 고생을 사서 하나'라며 성급한 선택에 대해 후회를 하면서 하루하루를 정신없이 보냈다.

그렇게 시간에 쫓기는 중에도 의학용어의 어원은 알아갈수록 흥미로웠다. 심장의 좌심방과 좌심실 사이에 있는 이첨판(二尖瓣, bicuspid valve)을 승모판(僧帽瓣, mitral valve)이라고 하는데 가톨릭교회의 의식 때 주교가 쓰던 모자(miter)와 그 모양이 비슷하여 'mitral valve'로 명명되었다고 한다. 그런데 주교가 없는 한자 문화권에서 주교에 해당하는 승려로 번안하여 '승려가 쓰는 모자'라는 뜻으로 '승모판'이 되었다고 하니 웃음이 나온다.

대학 시절부터 지금까지 의미를 틀리게 알고 있는 단어도 있었다. 심근경색증(myocardial infarction)과 관련되는 심장의 관상동맥(coronary artery)은 일반인에게도 익숙한 용어이다. 관상동맥이라고 하니 관(管: 피리, 대롱 관) 모양으로 생각하여 'Coronary'의 뜻도 대롱 모양을 의미하는 줄 알았다. 그런데 'Coronary'는 왕관(crown, 월계관)을 의미하는 라틴어 'Corona'에서 유래된 단어였다. 그래서 한자(漢字)를 자세히 살펴보니 관상동맥(冠狀動脈)의 '관'은 왕관 관(冠)이던 것이다. 관상동맥 그림을 다시 보니 이제는 월계수 모양으로 보인다. 이렇게 이해가 쉬운 것을…!

또한, 죽상동맥경화(atherosclerosis)로 인해 협착이 일어난 관상동맥에 혈전이 생겨 심근경색을 일으키는데, 여기서 말하는 죽상(粥狀)의 '죽'을 그동안 대나무 죽(竹)으로 알고 지냈다. 그런데 동맥에 쌓인 콜레스테롤의 모습을 우리가 먹는 죽(粥)으로 나타낸 것이었다. 곡식을 물에 오래 끓여 알갱이가 흠뻑 무르게 만든 음식인 죽(粥)이 순우리말이 아닌 한자였다. 그동안 내가 잘못 알고 있었노라고 학생들에게 고백하며, 보물을 발견한 듯 흥분하여 이들 용어의 어원에 대해 힘주어 설명했다. 영어로 된 의학용어에서 그리스어나 라틴어가 가지는 의미만큼 우리말 의학용어에서 한자의 중요성에 대해 크게 깨달았다.

의학용어를 한글, 한자, 영어와 함께 순우리말로 나란히 적어 놓은 교재들을 보고 세월의 변화를 실감했다. 우리가 배울 땐 순우리말은 물론이고 의학용어에 대한 다양한 표현이 없었다. 순우리말로 새롭게 명명하느라 애쓴 학자들의 발상과 노력에 경의를 표한다. 그러나 기존 의학용어에 익숙한 나는 순우리말이 어색하기도 하고 무슨 말인지 이해가 안 되는 것도 있었다. 임상 현장에서 소통이 될 수 있을까 염려가 되었다. 신장(콩팥) 부분에 대해 진도가 나갈 때였다. 신장에서 혈액의 여과 작용을 하는 조직체인 사구체(glomerulus, 絲球體)에 '토리'라는 말이 함께 적혀 있었다. 무슨 의미인가 궁금하여 인터넷 검색을 하니 통합검색에선 해외 상품 브랜드가 주로 나오고, 어학 사전의 후 순위에서 '실을 둥글게 감은 뭉치'라는 순우리말이 있었다. 그러고 보니 '모세혈관이 털 뭉치처럼 꼬여서 형성된'이라는 사구체에 대한 설명이 이해가 되었다.

영어든, 한자든, 순우리말이든 어원을 알면 단어의 의미뿐 아니라 형태와 기능을 이해하는 데 도움이 된다는 것을 확실히 깨닫고 학생들에게 강조했다.

힘겹게 한 학기를 마치고 돌이켜 보니, 학생들보다 나한테 학습효과가 더 컸다는 생각이 든다. 임상에서 프리셉터 대상으로 강의할 때 '가르쳐 보는 게 가장 효과적인 학습방법'이라고 외치던 일이 떠올라 미소 짓는다.

방학을 맞은 요즘, 병원 사람들을 만나면 지난 학기에 알게 된 용어의 어원에 대해 알은체를 하곤 한다. '배움은 즐거운 것'이라는 2,500년 전의 공자 말씀, '학이시습지 불역열호(學而時習之 不亦說乎)'[2]가 이 경우에도 적용되는지 모르겠다.

무엇보다, '그간의 실패와 성공에서 얻은 경험을 바탕으로 새롭게 공부하며 더 나은 인생을 사는 계기'라는 환갑의 소중한 의미를 체험하니 이 또한 기쁘지 아니한가?

함춘문학(서울대학교병원 문학회) 창간호(2019.1.12.)

---

2 학이시습지 불역열호(學而時習之 不亦說乎): 공자의 논어에 나오는 첫 구절. '배우고 때때로 그것을 익히면 이 또한 즐겁지 아니한가'라는 해석.